黄金白银
投资交易实战

崔宏毅/著

经济管理出版社
ECONOMY & MANAGEMENT PUBLISHING HOUSE

图书在版编目（CIP）数据

黄金白银投资交易实战/崔宏毅著. —北京：经济管理出版社，2018.6

ISBN 978-7-5096-5786-7

Ⅰ.①黄…　Ⅱ.①崔…　Ⅲ.①贵金属—投资—基本知识　Ⅳ.①F830.94

中国版本图书馆 CIP 数据核字（2018）第 091971 号

组稿编辑：勇　生

责任编辑：勇　生　王　聪

责任印制：黄章平

责任校对：张晓燕

出版发行：经济管理出版社

　　　　　（北京市海淀区北蜂窝 8 号中雅大厦 A 座 11 层　100038）

网　　址：www. E-mp. com. cn

电　　话：（010）51915602

印　　刷：三河市延风印装有限公司

经　　销：新华书店

开　　本：720mm×1000mm/16

印　　张：16.75

字　　数：291 千字

版　　次：2018 年 8 月第 1 版　2018 年 8 月第 1 次印刷

书　　号：ISBN 978-7-5096-5786-7

定　　价：48.00 元

前　言

目前，介绍股票和商品期货投资方法的书籍很多，但是关于黄金、白银的投资方法还需要专业书籍作为指导。特别是近年来，黄金、白银的波动幅度都很大，价格长期回升后冲高回落，投机风险在不断聚集。倘若在这个时候没有专业的知识和投机经验指导买卖，很容易遭受巨大投机亏损。

鉴于投机者对黄金、白银等贵金属投资的持续关注，本书迎合了投机者的这种交易心理，在贵金属的认知上、基本面分析和技术面分析上、模拟与实盘交易手段上，以及操作心理上给予读者更多关注。不管投机者操作水平如何，读完此书都有望成为稳定盈利的投机高手。

黄金从 2008 年 10 月底 150 元/克起步开始上涨，经历了 2009 年、2010 年的上涨，到 2011 年 9 月上涨到 400 元/克，成为投机者乐意做多获利的重要贵金属品种。在黄金大涨的背后，是白银更加强劲地上涨 461%。

贵金属的这种良好表现，没有人会忽视其中的投资价值，市场上的投机者更不会忽视。贵金属宽幅波动中，投机者买卖都容易获得利润。特别是对于白银的投机交易，更是如此。银价的波动范围要明显高于黄金，而两者走势上的同步性，为投机者的操作提供了机会。本书也是根据市场中贵金属价格的走势、价格的驱动因素、交易方式，分别向投机者介绍黄金买卖流程、分析手段、心态管理等内容。

贵金属的投机交易风险很高，潜在获利空间也很大，本书中特别提到了贵金属模拟交易的问题。书中介绍了关于黄金模拟交易的目标、交易系统的建立以及心理承受能力的提高等方面问题。对于模拟交易，投机者应该予以关注。黄金模拟交易的流程，涉及实盘交易过程中各方面的操作问题。在投机者进入实盘之前，模拟交易将帮助投机者发现真实交易中会遇到的各种问题。如果问题都在模拟交易阶段解决，那么接下来的实盘操作就没有任何问题了。

　　书中有三部分是关于投机方法的问题，涉及黄金的技术指标分析、黄金的宏观行情分析以及短线走势等方面内容。在投机者进入真实的交易之前，务必搞清这三个方面的分析手法，这样才能够轻松应对价格的宽幅波动风险，获得稳定的投机回报。

　　书中涉及的技术指标分析、经济指标分析、宏观趋势分析以及交易时间段和大师交易心理分析，都是投机者能够用到实战中的观点、方法。如果读懂其中的要点问题，并能够灵活贯通地运用于实战当中，那么获利将不是问题。

目　录

第一篇　黄金、白银的属性——掌握贵金属本质属性

第一章　黄金、白银历史属性 ……………………………………… 3

一、黄金历史 …………………………………………………………… 3

二、白银历史 …………………………………………………………… 5

第二章　黄金、白银商品属性 ……………………………………… 9

一、黄金商品属性 ……………………………………………………… 9

二、白银商品属性 ……………………………………………………… 10

第三章　黄金、白银投资属性 ……………………………………… 13

一、黄金投资属性 ……………………………………………………… 13

二、白银投资属性 ……………………………………………………… 14

第四章　黄金、白银货币属性 ……………………………………… 15

一、黄金货币属性 ……………………………………………………… 15

二、白银货币属性 ……………………………………………………… 16

第二篇 黄金、白银的驱动因素——理解价格变化的实质

第一章 全球经济发展状况 ················· 19

　　一、世界经济走向 ················· 19

　　二、流动性 ················· 20

　　三、通货膨胀 ················· 21

　　四、美国经济形势 ················· 22

第二章 国际金融形势 ················· 25

　　一、国际金融形势 ················· 25

　　二、各国利率高低 ················· 26

　　三、股票价格走向 ················· 26

第三章 避险与投机需求 ················· 29

第三篇 黄金、白银的准备阶段——模拟交易阶段

第一章 国内黄金的主要交易方式 ················· 33

　　一、实物黄金 ················· 33

　　二、纸黄金 ················· 35

　　三、黄金 T+D ················· 38

　　四、黄金期货 ················· 40

第二章 国内白银的主要交易方式 ················· 43

　　一、纸白银 ················· 43

　　二、天通银 ················· 45

　　三、粤贵银 ················· 48

四、白银 T+D ·· 51

五、白银期货 ·· 53

第三章　模拟准备阶段——设定交易目标 ·········· 57

一、熟悉交易环境 ···································· 57

二、制定交易策略 ···································· 61

三、学会资金安排 ···································· 62

四、提高心理承受能力 ································ 64

第四章　模拟总结成果——制定交易系统 ·········· 67

一、选择交易时段：1 小时 K 线图 ···················· 67

二、开仓交易信号：MACD 金叉（或者死叉）信号 ······· 69

三、开仓数量：黄金 1 手、白银 3 手 ·················· 70

四、最大错误开仓次数：3 次 ························· 71

五、止损信号：MACD 在零轴线一侧背离 ··············· 73

六、止盈信号：MACD 指标在零轴遇阻 ················· 74

七、最大交易次数：5 次 ····························· 75

第五章　模拟后实盘心理形成——适应实盘投机的心理形成 ··· 77

一、避免主观判断价格趋势 ···························· 77

二、正确认识盈亏 ···································· 78

第四篇　不得不知的经典指标——短线分析利器

第一章　黄金分割线——精确判断折返位置 ·········· 81

一、黄金分割获得支撑——开仓做多机会 ················ 81

二、黄金分割遇到阻力——开仓做空机会 ················ 88

第二章　持仓量——提示多空实力变化 ·· 97

一、多头反转中的持仓量 OI 线变化 ································· 97

二、空头反转中的持仓量 OI 线变化 ································· 101

第三章　RSI——发出短期买卖信号 ·· 107

一、RSI 指标的有效计算周期 ····································· 107

二、RSI（14）突破零轴线的开仓机会 ······························ 108

三、RSI（14）反转形态开仓机会 ································· 111

第四章　MACD——反映价格趋势变化 ······································ 115

一、MACD 反转形态开仓机会 ····································· 115

二、DIF 与 DEA 单边运行持仓机会 ································· 119

三、DIF 与金价背离的操作机会 ··································· 123

第五章　均线——移动平均线的技术指标 ································ 127

一、13 日均线的短线机会 ·· 127

二、34 日均线的减仓机会 ·· 131

三、89 日均线的开仓机会 ·· 134

四、233 日均线的开仓机会 ······································· 137

第六章　布林线——判断突破位置 ·· 141

一、布林的放大喇叭口买点 ······································· 141

二、布林的放大喇叭口卖点 ······································· 144

三、布林的中轨买卖点 ··· 148

第五篇　宏观趋势分析——判断大趋势的关键

第一章　黄金、白银的趋势线分析 …………………………………… 155

一、多头行情买点 …………………………………………………… 155

二、空头行情卖点 …………………………………………………… 159

第二章　黄金、白银的八浪循环分析 ………………………………… 163

一、历史价格的八浪循环 ………………………………………… 163

二、主升浪做多机会 ……………………………………………… 165

三、主跌浪做空机会 ……………………………………………… 166

第三章　黄金、白银的反转形态分析 ………………………………… 169

一、简单突破的反转形态 ………………………………………… 169

二、复杂突破的反转形态 ………………………………………… 173

第六篇　重要经济指标分析——有效预测价格涨跌

第一章　美元指数变化 ………………………………………………… 183

一、美元指数简介 ………………………………………………… 183

二、美元指数与黄金价格关系 …………………………………… 186

三、美元指数与白银价格关系 …………………………………… 190

第二章　CRB 指数变化 ……………………………………………… 193

一、CRB 指数简介 ………………………………………………… 193

二、CRB 指数与黄金价格关系 …………………………………… 194

三、CRB 指数与白银价格关系 …………………………………… 198

第三章　石油价格 ································· 201

　一、石油价格简介 ························· 201

　二、美原油期货价格与黄金价格关系 ·········· 202

　三、美原油期货价格与白银价格关系 ·········· 204

第四章　非农就业数据 ························· 207

　一、非农就业数据简介 ····················· 207

　二、非农就业指数与黄金价格关系 ············ 207

　三、非农就业指数与白银价格关系 ············ 210

第七篇　交易时间段分析——根据自身需要使用

第一章　分析图走势 ························· 213

　一、反转形态 ··························· 213

　二、持续形态 ··························· 220

第二章　1小时K线图分析 ····················· 223

　一、1小时价格波动特征 ··················· 223

　二、1小时K线的假突破概率 ················ 225

第三章　日K线图分析 ························· 227

　一、日K线波动特征 ······················ 227

　二、日K线的假突破概率 ··················· 229

第四章　周K线图分析 ························· 231

　一、周K线价格波动特征 ··················· 231

　二、周K线操作机会 ······················ 232

第八篇　大师的交易心理分析——获利关键

第一章　不迷信投机规律 ……………………………………………… 239

第二章　获利应该了结头寸 …………………………………………… 241

第三章　不要对操作"机会"不能自拔 ……………………………… 243

第四章　避免赌徒心理 ………………………………………………… 245

附录 A　世界主要贵金属交易所 …………………………………… 247

附录 B　中国黄金大事记 …………………………………………… 251

附录 C　中国白银大事记 …………………………………………… 253

参考文献 ……………………………………………………………… 255

第一篇

黄金、白银的属性

——掌握贵金属本质属性

第一章 黄金、白银历史属性

一、黄金历史

1. 黄金历史

公元前 3000 年以前，黄金在古埃及第一次被人类所认知。

随着经济发展，原始社会自给自足的情况已经结束，商品经济时代已经来临。那个时候并没有现成的货币，而黄金成为比较理想的选择，成为人们交换的货币。

公元前 700 年前，小亚细亚地区已经出现了一些黄金与白银合金制成的钱币，被称为琥珀金。

公元前 600 年，在小亚细亚的利迪亚王国，金币被首先铸造出来。

公元前约 50 年，西欧的罗马帝国就发行了一种 Anreus 的金币，并且在金币上刻了恺撒大帝的肖像。

公元 1066 年，诺曼底民族征服了英伦三岛，它们除了政治上拥有政权以外，还对英国的货币制度进行了一些改革，建立了以金属为货币本位的制度，规定一英镑就可以兑换一英镑的纯银。

1377 年，使用了 300 年的银本位制度在被复本位制度所取代，黄金随之成为复本位制中的一个品种。

1717 年，英格兰银行正式定名盎司士的黄金价格是 3 英镑 17 先令 10.5 便士。实行了金本位制度以后，英国的物价指数均明显地维持着低幅度的波动，金本位制度稳定物价和经济的功能也得到了证明。

美国在 1792 年，已采用复本位制度，规定 19.3 美元即可换取一盎司的黄金，但是这并没有引发任何的黄金热潮。直到 1848 年的某一天，一名叫约翰·马歇尔的年轻木匠，在今日的加州境内建造锯木厂的时候，不经意地发现了金箔片，由此而引发了西部淘金热。这也使曾经荒凉的西部迅速地发展起来。

在 1914 年欧洲战争爆发期间，由于战乱的关系，许多人都抢购宝物防身，导致物价飞涨，但是货币的供应本身因为受黄金存量所左右，并未能做出配合，从而导致有一些国家放弃黄金储存的政策，大量地发行钞票以应对当前的需要。这也使金本位制度所发挥的功能完全失效了。

1941 年，全球性的世界大战爆发时，金本位制度宣告完全崩溃。导致金本位制崩溃的主要原因，是世界经济极其不景气，各个国家主动打压本国货币，达到货币贬值的目的。

1944 年 7 月，世界各主要国家为了整顿国际性的金融紊乱状况，各国在美布雷顿森林会议上达成协议，重新制定黄金兑换制度，并成立了国际货币基金会。

1968 年 3 月，因黄金抢购潮出现，七国央行最终向外界宣布成立"黄金双价制"。官方的国际贸易结算的黄金交易，依然以 35 美元 1 盎司为交换标准，不过黄金在市场上的交换价格完全由市场上的供求关系所决定。

1971~1973 年，美元多次贬值共约 10%，令黄金官价升高到 42 美元的水平。在 1973 年 11 月，美国总统尼克松宣布正式取消黄金双价制，黄金的价格也就不再存在官价，一切的金价均按市场自由供求决定其价格。没有了政府的干预，黄金的价格才得以真正地表现出来，得到了市场的完全认可。

20 世纪 80 年代初期，美国的里根政府多次企图恢复金本位制未果。黄金在支付领域的地位下降，金本位制再也没有成型。

2. 金本位制的特征

早先出于商品交换的需要，使用一种媒介充当交易对象显得比较重要。而黄金作为化学性质稳定、不易变质和生锈的特征，自然成为重要的交换媒介。鉴于黄金本身就具有稀缺性，自然能代表很高的价值。

当黄金本位制出现的时候，黄金作为商品交换媒介功能发挥到极致。不过随着世界各国经济的发展，对黄金的需求猛增的情况下，黄金需求已经远远不能满足基本的需求。作为中央银行，开始着手发行纸币，以代替黄金。在央行规定一定数量的纸币相当于特定的黄金量时，金本位制也就被确定下来。

在金本位制下，持有纸币者能够通过规定兑换相应的黄金，而中央银行可以利用纸币与黄金的这种兑换关系，稳定货币币值，减少因为滥发货币引起的通货膨胀。

在特定条件下，金本位制度的正面作用还是很大的。

在特定的金本位制度下，如果一个国家的货币具备以下特征，那么就是全球通用的货币了。

（1）纸币的面值可以与等值的黄金兑换。也就是说，货币能带到中央银行兑换一定的黄金，这是金本位制的重要特征。

（2）黄金的重量和成色有专门的规定，由各国统一规定，并且兑换比率也是一定的。

（3）黄金的价格由法律所规定，并且能够固定在一个特定的价位。

（4）黄金的进口和出口并不受到任何的限制，进出口完全自由开放。

（5）不同国家的货币可以按比率兑换一定的黄金，而兑换比率就是与他国进行货币兑换的先决条件。

二、白银历史

白银的历史价值经历了以下五个主要历史时期。

1. 古代高价期

天然的银矿几乎是不存在的，银总是与金、贡、锑、铜或铂成合金，而天然金几乎总是与少量银成合金。中国古代已知的琥珀金，就是一种金、银合金，含银在20%上下。白银的制取要比黄金复杂得多，因此在价值上比黄金还贵。约公元前1580~1780年，埃及王朝的法典中规定，银的价值是金的2倍，可见白银的珍贵程度。

2. 近代动荡期

19 世纪中叶以前，中国与西方的贸易不断实现顺差。顺差的结果是，大量白银储备在中国生成。当时的中国和日本的银价明显高于欧洲国家，而在中国与其他国家贸易往来中，银价变得更加不稳定。

到了 20 世纪，金本位制在国际盛行起来，人们对白银作为货币的需求更加淡忘。当黄金在国际储备和贸易中发挥越来越重要的作用时，白银的价格也就逐渐回落下来。1910 年，黄金价格可以是白银价格的 38 倍，而到了 1930 年则提升到 63 倍，1940 年更是高达 100 倍！白银如此的贬值速度，让持有白银作为投资的人损失惨重，因为白银价格已经相当于黄金的 100%，缩水还是非常明显的。

3. 现代炒作期

1960 年以来，在通货膨胀日益严重的背景下，金本位制已经难以为继，货币自由浮动成了投资者最大的预期变动。尽管黄金非常稀缺，对黄金的需求却没有发生太大变化，人们开始选择白银作为黄金的替代品。

在商品市场牛市行情中，白银交易者将大量资金投入大盘商品期货和现货投机。虽然黄金和白银产量大大提高，但是在流动性很强的 19 世纪 70 年代，美国的期货交易商对白银的垄断，依然导致银价大幅飙升。

19 世纪 70 年代初，美国财政部放宽了对白银的管制后，白银价格大涨 80% 至 2 美元每盎司。即便如此，黄金的价格仍然是白银价格的 23 倍。1973 年 12 月，当期货投机商以每盎司 2~3 美元的价格大量收购白银时，使市场上的白银供给出现严重短缺，即便增加产量，也未能阻止银价大幅攀升至高位的每盎司 6.7 美元，白银价格飙升了近 130%。到了 1979 年末的时候，白银价格突破 40 美元，黄金与白银比价更是杀跌至 12 倍，疯狂的白银涨幅惊人。

1980 年 1 月 21 日，白银已经达到历史高位每盎司 50.35 美元。在过去的 12 个月，白银价格上涨幅度高达 8 倍。直到纽约商品交易所颁布了一条临时规定，禁止建立新的白银期货合约，只允许旧合约的平仓。当年 3 月 25 日，银价大幅度杀跌，价格一度趋于崩溃边缘。

4. 当代持续增长期

1990 年以来，世界白银总库存下降了 70% 以上，在白银需求稳步提高，而白银库存回落的情况下，银价总体上涨的趋势并未发生太大变化。考虑全球矿产银产量暂时不会增加，而目前世界各个行业对白银的需求还在稳步增长，白银需求的基本面决定了银价长期上涨还将延续。近年来，白银价格的上涨幅度已经超过黄金，考虑白银也属于不可再生资源，而需求的推动将导致银价今后长期上涨的趋势不会发生太大变化。

5. 当代持续回升期

在各国采取宽松政策刺激经济增长的同时，通货膨胀已经成为推动金银价格维持高位运行的重要支撑因素。白银本身具有像黄金一样的保值功能，通货膨胀时期对白银的需求是推动银价上涨的重要条件。

第二章　黄金、白银商品属性

一、黄金商品属性

黄金的商品属性体现在用于制作装饰饰品、工业和高新技术中使用以及电子通信等行业中使用。

在日常生活中，黄金的重要用途之一就是装饰和珠宝首饰。黄金饰品是社会地位和财富的象征，一直以来都是人们喜欢的配饰。当前，金融危机后期的世界经济处于缓慢复苏阶段，通货膨胀也在很大程度上推高了黄金价格，促使黄金饰品的销量大幅增加。这样，黄金作为贵金属的商品属性也必然大为增强。

黄金的商品属性也体现在工业用途上。

1. 仪器仪表制造业

用于提高仪器仪表质量，提高产品的精密性。虽然黄金价格不菲，但是重要的仪器仪表还是需要黄金这种贵金属的。

2. 电子工业

电子元件所要求的稳定性、导电性、韧性以及延展性等，黄金及其合金几乎都能达到。因此，黄金在电子工业上的用量占到了整个工业用金的 70%左右，并且用量有逐年上升的态势。黄金作为商品的属性，在电子工业中得到充分体现。

3. 润滑材料

摩擦材料理论表明，摩擦可以影响材料的表面流动压力。软金属黏着在基材表面上，只要有零点几微米厚的膜就能起到润滑作用。当与对偶材料发生摩擦时，软金属膜便向对偶材料表面转移，形成转移膜使摩擦发生在软金属与转移膜之间。这种现象的原理是软金属的剪切强度低，而软金属与基材间的黏着度又大于软金属的极限剪切强度。金、银、锌等软金属的润滑作用就属于这种机理，而其中金是最佳的固体润滑软金属材料。

4. 光学应用

金在光学方面有着独特性质。金能够吸收 X 射线，而含有其他元素的金合金能改变与波长有关的光学性质。光亮镀金作为航天器的稳控镀层，对于控制航天器内部仪器、部件的温度起着重要作用。这主要是因为金对宇宙间的红外线具有良好的散射和反射性，能够保护宇航员及设备不受宇宙射线的损害。

5. 医学应用

金被广泛用作镶牙的材料，金的化合物（金诺芬）主要用于治疗风湿性关节炎。金与其他贵金属元素因具有良好的化学稳定性、生物兼容性和力学性能，成为重要的人造器官材料和外科移植材料。用金及其他贵金属制造的微探针探索神经系统的奥秘已取得显著效果。例如，神经修复、心脏起搏器等都使用了金和贵金属以及它们的合金材料。

二、白银商品属性

白银价格受商品属性主导，更容易被操纵。

白银和黄金同属于稀有的贵金属，但是前者价格波动要远远高于后者，究其原因，还是要看白银的商品属性。商品属性是白银价格剧烈波动的重要原因，而黄金虽然也是一种商品，却在某种程度上可以成为货币的贵金属，货币属性很好地支配着黄金价格的运行趋势。

　　白银价格的波动范围之所以很大，与预期产量的稀少和交易市场的容量较小有很大关系。白银在货币属性方面要逊于黄金，商品的属性却主导了价格的波动趋势。白银市场的盘子相对较小，这也在客观上加剧了投机对价格的影响深度，造成了白银价格的宽幅震荡走势。

　　白银储量在 1940 年的时候还是 100 亿盎司，但是到了 2011 年已经大幅度回落至 10 亿盎司。同期，黄金储量却从 70 年前的 10 亿盎司回升至 100 亿盎司。白银储量相对于黄金的大幅度回落，显示出其稀缺性。这样在正常的期货交易的时候，白银自然得到更多买涨投机者的追捧，从而出现更为有效的飙升。

　　考虑到白银消费中每年高达 51% 用量出现在工业领域，远高于对黄金需求的15% 的比例。从这个角度来看，如果经济在复苏中不断回升，那么对白银需求必然推动价格的稳步上涨。这样，白银的商品属性对其价格上涨的影响，要明显高于黄金。特别是在判断白银价格的上涨趋势的时候，通过对白银商品属性的判断，能够得出白银价格上涨潜力越好，明显地高于黄金。白银储量较少而工业用途广泛，成为银价持续上涨的直接动因。权威机构对银价的判断是，买入白银就好像在古玩市场买到了国际名画一样，具有很强的升值潜力。

第三章　黄金、白银投资属性

一、黄金投资属性

千年的开采积累，目前的存量也只有约 14 万吨，即使在开采技术十分发达的当代，黄金的年产量也只有 2000 多吨。这些特征，决定了黄金是非常稀缺的贵金属。

由于黄金作为商品的稀缺性，黄金从来都是非常重要的投资标的。黄金非常稀缺而需求庞大，决定了黄金价值尚无可替代。在经济波动或者通货膨胀期间，投资者会寻找保值和增值的投资品种，而黄金恰恰在这个时候发挥了投资作用。使用黄金作为投资标的，自然能够为投资者带来丰厚的回报。实际上，黄金作为投资品种，从来都吸引着众多投资者的眼球。

在商品属性上，黄金的工业用途非常广泛，而作为货币来讲，黄金也是非常重要的硬通货。2008 年金融危机以后，黄金的货币属性再次被挖掘，仅仅疯狂上涨就很能说明问题。

投资于黄金这一稀缺贵金属上，投资者虽然短期不会见到明显效果，长期来看保值甚至获利潜力很高。如果黄金价格还不是非常高，那么金价的保值功能不会轻易被削弱，而作为投资标的的属性也会加强。

二、白银投资属性

2008 年金融危机以后，白银投资价值正逐渐被市场上的投资者和投机者接受。在白银价格大幅度飙升的过程中，就连投资大师罗杰斯都提出"炒金不如炒银"的观念。越来越多的投资者开始关注上涨趋势中的白银。在投资者持续追捧的过程中，白银价格达到了 2011 年最高价 10788 元/千克。

白银价格之所以出现强劲上涨，与市场上对白银的需求有很大关系。可以说，白银的商品属性以及部分货币属性，造就了白银投资的火热场面。而白银的需求量很大，商品属性的影响要远远强于其作为货币的属性。再加上白银对黄金的比价相对便宜，需求量强大推动银价大涨自然是情理之中的事情。

供应白银的产量主要来自矿山的开采，另外还有来自于废银回收、生产商出售期货产品和官方销售等部分，但是由于半生银矿的急剧减产，白银的银矿供应在 2009 年开始急剧下滑。

2008 年金融危机过后，各国相继推出的庞大的经济刺激计划，无疑为经济的持续上涨打了一剂强心剂。白银需求涉及新能源、电子产品、电池等多个领域。需求增加而产量萎缩，推动银价大幅度攀升是意料当中的事情。经济刺激计划在推动经济回升的过程中，也在加速通货膨胀。通货膨胀的过程中，白银的保值投资功能会进一步得到发挥。历史上白银本身就是一种非常重要的货币，货币属性逐渐淡去的时候，白银作为贵金属的投资价值不仅不会被削弱，还会在需求增加、产量萎缩而通货膨胀严重的当前进一步得到加强。判断白银的价格走向，对白银投资属性的判断，无疑是重要的关注点。

第四章　黄金、白银货币属性

一、黄金货币属性

一直以来，黄金作为货币的属性就存在了。历史悠久的古罗马亚历山大金币，出土至今已有2300多年，而波斯金币也已经有2500多年的历史。现存中国最早的金币是春秋战国时期楚国铸造的"郢爰"，距今也已有2300多年的历史。但是，这些金币只是在一定范围内、区域内流通使用的辅币。

19世纪出现的"金本位"时期，促使黄金真正成为一种世界公认的国际性货币。"金本位制"即黄金可以作为国内支付手段，用于流通结算；可以作为外贸结算的国际硬通货。虽然早在1717年英国首先施行了金本位制，但直到1816年才正式在制度上给予确定。之后，德国、瑞典、挪威、荷兰、美国、法国、俄国、日本等国先后宣布施行金本位制。金本位制是黄金货币属性表现的高峰。世界各国实行金本位制长者200余年，短者也要数十年。即便是中国实行银本位制，黄金的货币属性也依然存在。

第二次世界大战爆发以后，各国纷纷进行黄金管制，金本位制实际上已经名存实亡。第二次世界大战结束前夕，在美国主导下召开了布雷顿森林会议，并且决定建立以美元为中心的国际货币体系。布雷顿森林体系中，美元与黄金挂钩，美国承诺担负起以35美元兑换1盎司黄金的国际义务。

但是，在之后出现几次黄金抢购风潮后，美国为了维护自身利益，宣布不再承担兑换黄金义务，因此布雷顿森林货币体系瓦解，黄金非货币化改革开始。这一改革从20世纪70年代初开始，到1978年修改后的《国际货币基金协定》获得批准，可以说制度层面上的黄金非货币化进程已经完成。

二、白银货币属性

白银价格从 2008 年 11 月 3 日的 2215 元/千克大幅度飙升至 2011 年 4 月 29 日的 10788 元/千克，上涨幅度高达 387%。银价飙升的背后，是其背后美国金融大鳄索罗斯的疯狂追捧，并且伴随着广大投资者的蜂拥而至出现的。白银之所以在金融危机以后进入大牛市当中，与通货膨胀有很大关系。在世界重要国家均采取宽松货币政策的情况下，白银的抗通胀价值凸显。尤其在美元贬值的情况下，白银走出黄金一样的回升之路，并不难理解。

在投资者追捧买入白银的过程中，银价在 2011 年 5 月终于见顶回落，白银作为货币的呼声真的能成为现实吗？显然不会。

白银一直是最为重要的金属货币，多数西方国家都曾实行金、银复本位制，而中国则曾是坚持银本位制的国家。自从 1868 年的巴黎货币会议以后，西方便开始放弃金、银复本位制。当 1900 年的时候，多数欧洲国家完成了向金本位的转变，白银就在此时失去了货币属性，成为普通的贵金属，白银价格在此期间出现回落，也正反映了白银作为货币成为历史的大趋势。

白银的牛市行情虽然看起来很好，但是在纽约商品交易所三次提高期货保证金等利空因素打压下，白银还是在 2011 年的 5 月初出现了暴跌的情况。用了仅仅 9 个交易日，白银价格就从 10788 元/千克回落至 7060 元/千克的价格低点，跌幅高达 35%。考虑到白银价格的杀跌是突然出现的，对杠杆交易的投机者来讲显然是当头一棒。损失惨重甚至出现爆仓的情况，其实并不罕见。

白银的货币属性，是其三大属性（商品属性、投资属性、货币属性）之一，其实也是驱动白银价格上涨的重要因素。

| 第二篇 |

黄金、白银的驱动因素

——理解价格变化的实质

第一章　全球经济发展状况

在贵金属价格的驱动因素中，经济发展状况是不容忽视的一个因素。考虑到贵金属价格具有商品和货币两种属性，市场上贵金属价格、贵金属价格的走势必然受到两种属性的影响。一直以来，贵金属价格的货币属性虽然在不同时期强弱有别，但是货币属性却从未真正消失。即便在经济运行趋势良好的情况下，贵金属价格的货币属性依然发挥着重要作用，是一个国家保证货币坚挺的重要支撑因素。持有贵金属价格储备越高，对一国货币的支撑效果会更好。

判断全球经济走向，美国经济的影响不得不提，该国经济主导着世界经济的大趋势。判断美国经济的增长前景，对投资者会有很多帮助。

除了全球经济发展趋势，通货膨胀对贵金属价格、贵金属价格走势的影响也不容忽视。尤其在通货膨胀严重的时期，贵金属价格的保值功能将催生金价的牛市行情。投资者必然在通货膨胀严重的时期加大对贵金属价格的投资力度，减少因为通货膨胀带来的损失。

这样一来，判断通货膨胀时期贵金属价格快速飙升，显然也会成为必然趋势。当然，市场中流动性大小，既影响了通胀水平，也在一定程度上催生贵金属价格的牛市行情。关注资金量的情况，有助于投资者正确把握行情。

一、世界经济走向

经济发展状况严重影响着贵金属价格的走向。世界经济形势走好的时候，投资者对贵金属的需求会比较稳定，贵金属价格的商品属性决定了价格的基本运行趋势。当经济形势不好的时候，贵金属价格就会体现出避险功能。投资者追捧贵金属避险的过程中，自然推高了价格。那么贵金属价格的回升究竟是何种原因呢？我们可以从经济发展的状况来综合判断。

在经济发展情况比较好的时候，对贵金属价格的影响应该主要限定在工业需求以及投资保值需求方面。经济发展情况比较好的时候，资金会更多地流向实体经济，而不是获利潜力不高的贵金属价格投资上。如果经济发展状况比较理想的话，并且通货膨胀情况也会比较温和，使用贵金属来保值需求就比较少。当然，经济发展好的时候，贵金属价格的走势总体上会随着经济的运行规律上升，供需成为影响贵金属价格的主要因素。

在经济运行情况不好，或者全球经济处于下滑的危机状态下，贵金属的避险功能就会得到体现。虽然贵金属的货币属性大不如前，但是在经济不景气的情况下，避险功能从未消失。实际上，在 2008 年危机后的几年里，贵金属价格大幅度攀升，与经济不景气有很大关系。各国经济在金融危机后遇到了很大困难。市场上庞大的资金量总要找到投资或者投机的突破口，而贵金属的避险功能正好在这个时期发挥作用。金价在这个阶段节节攀升，显示出投资者避险情绪的加深。避险功能不仅在贵金属价格上得到体现，美元、日元上涨，都体现了投资者避险情绪。

二、流动性

流动性大小是通货膨胀出现的重要因素，而货币供应量的增加，会在市场上提高资金的流动性。国际资本必须找到用武之地，在流动性大幅度回升的情况下，资金除了流入实体经济，还会流向那些升值潜力高的商品。这个阶段，投资者大量买入贵金属作为保值的工具，是再好不过的选择。但是，考虑到贵金属产量的不断萎缩、流动性增强的情况下，必然在贵金属的带领下出现较好的表现。投机者在贵金属上大量投入，也能够起到保值功效。

2008 年美国金融危机爆发以后，世界各大国都采取了宽松的货币政策，这直接导致经济中的流动性大幅度回升。实体经济吸收流动性是有限度的。当资金在实体经济中找不到合适的"归宿"后，就会选择保值良好的工具来避险。贵金属自然是上佳的好选择，即便在严重通货膨胀时期，金价会随着物价的上涨而同步飙升。这样，在经济不景气的情况下，国际游资也可以通过做多贵金属保值甚至获得较高的投资回报。

金融危机以后，值得关注的美国经济发展非常迟缓，而美国针对滞涨的经济不断打出宽松牌。连续第四轮的量化宽松以后，市场上的美元已经非常多了。在流动性过剩的情况下，必然对美元的价值形成压制。众所周知，美元与贵金属价格的负相关是很明显的。流动性过剩导致美元贬值，必定推高贵金属价格。而金价和银价在流动性过剩面前的表现是一致的，贵金属价格都会随着保值资金的流入而回升。在美国量化宽松不变的情况下，流动性的过剩会导致通货膨胀，也会无形中抬高贵金属价格。

这样看来，金价的下跌还是不容易实现的。驱动贵金属价格上涨的宽松政策还未结束，市场上的流动性也并未由此消失，贵金属价格上涨还是有支撑的。除非实体经济持续恢复性增长，美国经济加速走出泥潭，那么买入贵金属保值的资金才有可能大量撤出并且流向实体经济，金价才会出现明显的回调。

三、通货膨胀

贵金属价格与通货膨胀之间总是存在很强的联动性。在通货膨胀高企的时候，贵金属作为抗通胀的首选目标贵金属，自然得到投资者的热烈追捧。值得一提的是，作为抗通胀的重要工具，贵金属早在第二次世界大战之后的美国就已经被使用过。

就在第二次世界大战结束的时候，欧洲各国因为战争消耗，损失了大量的贵金属。而美国靠着战争发财，聚敛了数量可观的贵金属，储量占到世界总储量的76%。并且在1934年通过《贵金属价格收购法案》大笔收购贵金属，使贵金属的库存增加至60亿盎司。

在美国黄金储量大幅度增加的过程中，1966~1980年的历次严重通货膨胀，黄金都起到了保值增值的效果。在抗通胀的斗争中，黄金的保值效果得到了良好的发挥。

1966~1968 年的通货膨胀。资料显示，这期间的消费贵金属价格指数出现了大幅度回升，而以食品、服务、居住、贵金属价格的上涨，成为消费物价指数上涨的直接原因。虽然在通胀时期，工资水平也是不断抬高的，但如果赶不上通货膨胀率的话，投机者在这个时候买入贵金属进行保值还是非常有必要的。这期间，白银价格从 1966 年的 1.30 元/盎司大幅度上涨到了 2 美元/盎司的高位。很显然，即便是普通的美国民众，在这一时期内大量购入贵金属价格的做法，是可以达到保值增值效果的。

1971~1975 年的通货膨胀。这期间美国的通货膨胀也是很厉害的，表现在农产品价格上涨、基础产品、贵金属价格上涨和美元贬值上。食品价格大幅度上涨了 19% 的情况下，世界对基础产品的需求快速攀升，导致基础产品也同样出现了大幅度上涨。值得一提的是，美国在 1973 年后的两年中，石油、贵金属价格上涨幅度高达 51%，再加上美元在这一时期的持续贬值，造成了白银价格最终涨到了 1973 年的 42 美元/盎司的高位。而就在 1972 年的时候，银价还运行在 37 美元/盎司的低点。可见，贵金属在通胀时期的保值效果还是很惊人的。

美国在 20 世纪 70 年代后期经历了一次最为严重的通货膨胀，CPI 指数从 1978 年的 106.5 大幅度回升至 1980 年的 113.8 的高位，显示了因为通货膨胀导致的物价上涨还是很严重的。这一次的通货膨胀的主要诱因，是劳动力成本的不断提升。在通胀面前，贵金属的保值效果再一次应验。金价从 1978 年不足 200 美元/盎司，一度回升至高达 800 美元/盎司的高位，显示出良好的抗通胀效果。

如果说贵金属价格的抗通胀还仅限于历史中出现，那么在接下来的 21 世纪的十几年来，金价从 280 美元/盎司的低点大幅度回升到了 2011 年的 1900 美元/盎司以上，显然说明了抗通胀的优势。尤其 2008 年金融危机以来，银价一路高走，投资者利用白银抵抗通货膨胀的效果要明显好于黄金。

四、美国经济形势

鉴于美国经济在世界经济中的作用，分析贵金属价格走势的时候，美国经济是怎么也不可能绕开的。实际上，在判断价格走向的过程中，通过美元指数与贵金属价格的运行趋势，投资者就能够得到价格的基本波动方向。美元指数与贵金属价格呈现出负相关的走势，因此，分析美元指数的波动规律，就能够得到贵金属价格运行的大趋势了。

美元不仅是美国的货币，也是世界各国争相储备的重要货币品种。即便是在美国经济不景气的情况下，美元的储备货币地位仍然不会轻易被取代。美国经济的活力非常具有弹性，判断美国经济走向的过程中，投资者就能够得出美联储关于美元利率的决定，就能够得出贵金属价格的基本运行趋势。说到底美元还是为美国人服务的，尤其在美国经济不景气的情况下，美联储通过超低利率来压制美元的价格，客观上促进了贵金属价格走强。

判断美国经济运行趋势的时候，投资者可以从最为重要的非农就业数据入手。非农就业数据是美国失业率数据中的一项，反映出农业就业人口以外的新增就业人数，它和失业率同时发布。每个月发布一次的非农就业数据，现今已经成为外汇市场不得不关注的重量级指标。该指标的发布，通常都会引起外汇市场的剧烈波动。即便是对数据的预期，也会对外汇市场造成很大的影响。

当非农就业数据公布的时候，既然外汇市场会出现较大波动，那么被美元走势左右的贵金属价格，自然也会出现同样类似的运行趋势了。实战当中，投资者能够发现贵金属价格其实已经受到美元指数（或者说是非农就业数据）的严重影响。当美元指数作为美国经济运行情况的重要提示指标，非农就业数据如何利好将会提振美元，并且对贵金属价格形成压制。相反，如果就业数据不如预期，那么美元就会受到打压，相应的贵金属价格必然出现良好的上升表现。

第二章　国际金融形势

一、国际金融形势

国际金融市场的运行状况，对贵金属价格的影响是非常大的。金融市场是为资金需求者提供资金并且为资金投放者提供机会的地方。金融市场的稳定运行，对资金需求方和资金提供者都有很大的好处。有效的金融市场中，资金能够通过金融工具不断在资金的供需双方之间流动。当资金流动在任何一个环节出现问题的时候，金融的运行状况就会出现问题。在金融市场运行不佳的时候，贵金属就会显示出避险功能。金融危机的情况下，贵金属的避险功能尤其引人注目。

说起金融危机，则不得不说近年来因为美国次级债引起的金融危机，以及接下来的欧洲债务危机。两种危机对金融市场的影响很大，贵金属价格在此期间的避险功能得到体现。如果说美国金融危机的爆发，对贵金属价格的影响是短期利空的话，那么接下来的欧洲主权债务危机，显然构成了对贵金属价格的长期支撑。

在国际金融危机的初期，贵金属价格在 2008 年基本上处于下降通道中。贵金属之所以在美国次级债金融危机的时候出现下跌，与贵金属的商品属性有很大关系。在金融危机的影响下，各国经济纷纷进入下跌通道，工业生产对贵金属的需求出现明显下滑，贵金属价格的商品属性决定了金价短期内的走势必然是下挫的。接下来的金融危机向着纵深发展，欧洲债务危机随之不断发酵，引发了投资者对贵金属避险功能的热烈追捧。接下来，贵金属从 2008 年 11 月的 150 元/克大幅度回升至 2011 年 9 月的 400 元/克的价格高位，累积上涨幅度高达 167%。

显然，贵金属价格之所以在欧洲债务危机期间大幅度拉升，与金融危机造成的避险情绪有很大关系。投资者在金融危机期间急于寻找合适的避险资产，而黄金与白银一道成为非常重要的避险资产。在美元持续走弱的金融危机期间，黄金和白银等出现持续回升的情况也是大势所趋。

二、各国利率高低

利率对贵金属的影响并不是直接的，而是间接地影响贵金属的价格走势。利率是中央银行调节市场上资金成本的重要工具。通过利率的升降来调整货币供应成本，进而调整市场上资金供应量，从而造成对经济的支撑或者是打压。

经济景气的阶段，中央银行不需要维持低利率来维持经济运行趋势。相反，在经济持续向好的情况下，通货膨胀会不断地加重。当央行承受不起通货膨胀水平的时候，自然会采取加息的办法，来减少市场上资金供应量。一旦经济因为金融危机出现严重滞涨甚至下挫，那么央行同样会采取降息的办法，降低经济中资金成本，促进经济稳步回升。特别低的利率水平如果持续时间较长的话，往往会引起不同程度的通货膨胀。通货膨胀率维持高位运行，就为贵金属价格的上涨提供了支撑。

投资者在通货膨胀面前，无非是要购买那些抗通胀能力较强的资产，而黄金和白银则是贵金属中典型品种，自然会得到投资者的追捧买入。在贵金属的买盘不断壮大的过程中，黄金和白银价格自然会不断上涨。2008年金融危机以后，各国为应对危机纷纷制定了降低利率的举措。国际上资金成本大幅度降低的情况下，流动性造成了明显的通货膨胀，贵金属价格自然会在这个时候出现回升。

三、股票价格走向

股票是金融市场中的基础产品，是投入资金量相当高的市场。在经济向好的时候，股票市场会得到广大投资者的密切关注。股票的价格会在经济发展较好的时候持续上涨，而股市中的存量资金也会不断回升。这个时期，贵金属的避险和保值功能不会得到投资者认可，价格自然不会出现大幅度上涨了。

一般说来，股市是经济发展状况的"晴雨表"，这种说法是有根据的。在经济发展向好的时候，股票价格指数是会不断上涨的。除非价格上涨过快，并且出现了很大的泡沫，那么股指才会出现向下的回调。从大的运行趋势来看，股票价格指数的运行趋势与经济发展方向是非常一致的。特别是在经济的扩张时期，上市公司盈利状况不断得到好转，股票价格必然反映上市公司良好的运营状况。众多股票价格同步上涨的过程中，股票价格指数也就跟随经济一同回升了。

一旦国民经济遇到严重的金融危机，经济出现明显下滑的过程中，股票的吸引力就会大幅度下降。投资者不再为廉价的股价寻找买入股票的借口，而是不断卖出实际上被高估的股票，导致股票价格总指数出现持续大幅度回落。在股票市场随着经济发展遇到困难同步走坏的过程中，股市中的避险资金将会投入那些保值增值的资产。保值增值的产品，无非是房地产、贵金属等。贵金属的交易市场会获得股市中转入的大量投资资金，导致黄金和白银不断回升并且创造历史新高。

第三章　避险与投机需求

贵金属的避险功能，多数情况是发生了不可预知的利空消息，并且这种利空消息可能对经济实体产生很坏的影响，这样贵金属自然成为避险的避风港。黄金、白银等贵金属本身就是物以稀为贵，特别是在动荡年代，这种避险需求必然维持贵金属价格在高位运行。

在经济走势不稳的情况下，或者遇到了战争、灾害、政局变动等因素，经济都会出现下行风险，黄金和白银的避险功能恰好在这个时候发挥作用。经济下行之时，任何资产都会出现贬值风险，而贵金属的贬值风险无疑要小得多，自然成为避险的工具，也成为投机者加速做多的重要机会。

相比一国货币而言，贵金属无疑更能提供避险需求。除非这个国家的货币非常强大，能够担当避险的角色。否则，任何一个国家在面对动荡的时候，货币的避险功能都会让位于黄金和白银。

不得不说的是，投机者的买卖活动虽然突然，并且多数情况下带有激进色彩，投机者也是一种以投资为基本炒作方式的买卖活动。只不过从资金投入量和买卖频繁程度上看，投机者更善于重仓位买卖以及提高交易数量的买卖活动。这样做如果能够成功的话，显然更容易获得高额回报。事实上，成功的投机者不仅不会亏损，而且可以获得远远高于以所谓投资为目的的交易者。

黄金和白银的避险功能，体现在这两种贵金属价格疯涨的年代。虽然存在做空获利机会，但是贵金属的避险功能一定是在价格上涨的时候才能发挥出来。

第三篇

黄金、白银的准备阶段

——模拟交易阶段

第一章 国内黄金的主要交易方式

一、实物黄金

1. 实物黄金分类

（1）金币形黄金。

普通金币：普通金币又称为投资金币或纯金币，是用于黄金投资的法定货币。我国的熊猫金币、孔雀金币，就是一种普通金币。国外的如美国的鹰扬金币、澳大利亚的袋鼠金币、加拿大的枫叶金币，也属于这类金币。

纪念金币：一国的中央政府或银行发行，作为纪念题材而限量发行的货币。这种纪念金币具有一定的重量、成色和面值，并铸成一定形状的铸金货币。纪念金币是具有特殊标志的金币，分为奖章式金币和特殊纪念意义的金币。奖章式纪念金币反映了收藏者的事迹和地位，美国发行的 1 盎司"双鹰"奖章式金币就属于这类金币。

特殊纪念金币：顾名思义是用来纪念特殊事件或者人物的金币，如为了纪念周恩来诞辰，1999 年中国发行的"千禧年"纪念金币，100 周年而发行的 1/2 盎司周恩来纪念金币，就属这类金币。

由于纪念性的事件与纪念性的人物一般较少，因此，纪念金币的发行次数一般也就较少，发行量也很有限，加之其设计和工艺水平都比较讲究，因而其价格比普通金币要高。

（2）规则形黄金——金条。金币可分为纪念金币和普通金币，金条同样可以分为用于收藏的纪念金条和普通投资金条。纪念金条的发行价格较高，一般会高于原料价格，并且发行价格一般是固定的。国内发行的纪念金条有 2008 奥运金条、贺岁金条等。纪念金条存在较高的溢价，虽然定价固定，却不适合所有人投资。溢价会带来投资成本的提高，显然对买入金条的投资者来讲不利。

投资金条由知名的黄金公司推出。它的纯金应大于 99.99%。投资金条的价格，参考上海黄金交易所或国际市场的实时价格。这种金条可以随时进行买卖，容易成为投资者的投资理财产品。由此可见，将投资金条当作理财产品，买卖成本和获利潜力将会更大。以与市场同步变化的价格来买卖投资金条，不存在价格上的歧视，对投资者比较公平。如果买入黄金的价格适中，今后获利潜力会很高。

（3）黄金饰品。黄金饰品体现了观赏价值，价格本身就包含了加工费、工艺费等费用，因此投资者购买价格是很高的。从黄金饰品相对金原料的溢价，通常都会在 20% 以上，这对于购买者无疑"强加"了很多负担。黄金饰品用来回售的话，必然会打一定的折扣。一般来看，黄金饰品打折 30%，才能够用于回售。这样一来，黄金饰品的价格要远远低于上海黄金交易所含量相同的金原料价格。从投资的角度看，黄金饰品并不适于投资。购买价格高而回售又出现折扣，显然不利于投资者盈利。

2. 投资实物黄金的特征

（1）安全性。黄金容易储存并且易于保管，不容易受到外界环境变化影响，是比较理想的投资标的。黄金既具有货币属性，又具有商品属性，是容易流通的硬通货。安全性不仅体现在易于保管，还在于保值和升值功能较好。

（2）容易变现。黄金是响当当的"硬通货"，是被各国广泛认可的投资工具，自然少不了买家。在流通变现方面，黄金的变现能力是不容置疑的。虽然黄金并非央行发行的主权货币，但黄金的投资价值、保值功能，以及黄金本身的货币属性造就了实物黄金的高流通性。持有黄金的投资者，一般无须考虑黄金的变现能力。

（3）投资性。黄金在绝大多数时间都具有保值和增值功能，特别是在通货膨胀严重而黄金价格不高的阶段，表现更为抢眼。短时间买卖实物黄金虽然获利潜力不高，却能在长期持有中获得保值增值利润。相比把资金放在银行，购买实物黄金要合算得多。特别是在 2008 年金融危机以后，黄金价格突飞猛进，最大涨幅高达 160%。这样一来，在各国货币持续超发的通货膨胀面前，黄金的投资价值表现得更加出色，难怪不仅是民众，各国政府也成了黄金的忠实购买者。

（4）购买渠道广泛。黄金的销售渠道很多，大商场、银行网点、黄金珠宝交易市场都可以买到。只要投资者挑选到适合自己的黄金投资品种，就能够获得成功。

（5）价格透明。国内黄金价格的变化与国际黄金价格接轨，并且是 24 小时滚动变化的黄金价格，这样对金价的操纵几乎是不可能的。投资者买卖实物黄金的时候，可以参考国内上海黄金期货交易所的金价以及国际公开报价。

（6）升值前景好。不管经济发展是好是坏，总会存在通货膨胀和货币贬值，而黄金的保值功能就会得到体现。而经济不好的情况也会时有发生，就像一个人，一生当中总会生病，一旦经济不景气，出现如金融危机之类的动荡，那么黄金的避险功能必然促使金价大幅度上扬，这些都体现了黄金的巨大升值潜力。尤其在当前各国政府都在超发货币以求刺激经济增长的现实条件下，黄金的价值得到了很好的体现。

二、纸黄金

各大银行都已经推出纸黄金交易，是投入资金较小的、适合个人参与的黄金投资品种。纸黄金是一种个人凭证式黄金，投资者可以按照银行报价在账面上买卖"虚拟"黄金，并且赚取金价格波动的利润。纸黄金的交易方式中，投资者只是赚取差价，却不能进行黄金实物的交割。这对于打算投资黄金的投资者，还是一个不错的交易选择。

1. 开户简便

在相关银行开通了网银的客户，就能够通过网上终端完成纸黄金的开户。当然，如果不通过网银开通，也可以在银行柜台开通纸黄金的交易。开通以后，投资者投入资金便可以进行纸黄金的买卖了。目前，能够进行贵金属黄金交易的银行有工商银行、招商银行、广发银行、中国银行及建设银行等国内银行。

2. 交易时间灵活

国际上黄金交易是 24 小时滚动式完成的，而银行纸黄金的价格来源也是国际上黄金价格，自然也是 24 小时的滚动运转了。在每周一的 6：50~7：00 开市以后，直到周六的凌晨 6：00 才会休市。24 小时的滚动交易流程，不仅方便了投机者根据自身需要安排交易时间，也增加了短线交易机会，潜在的获利幅度会随之增加。值得关注的是，24 小时的交易时间里，黄金价格波动的幅度是不一样的。一般来看，在欧美交易时段，银价波动空间较大，有助于投资者获得短线利润。这样一来，在晚上的欧美交易时段，国内炒金户可以有足够的时间参与黄金的买卖获取高额回报。

3. 费用高

纸黄金的交易费用是比较高的，一般来看，银行里买卖纸黄金的交易费用高达投资金额的 1%。也就是说，纸黄金的交易金额如果是 1 克的话，将会花费投资者 320 元左右，而其中的费用就高达 3.2 元。费用在交易频繁的时候体现得更为明显。特别是想要获得高额投机回报，又投入大笔资金频繁交易的投机者，1% 的交易费用可以明显影响投机者的买卖回报，影响长期盈利状况。

4. 波动大

既然纸黄金的价格走势是根据国际黄金价格走势运行的，那么黄金的波动空间显然是不受限制的。不同于股票的 10% 波动幅度限制，黄金虽然日常波动空间在 1.5%~2.5% 附近，而一旦出现消息面的影响，黄金价格波动空间将会非常大。考虑到杠杆交易的存在，对投资者保证金的影响可以高达 100% 以上。

5. 门槛低

纸黄金的交易门槛是非常低的，理论上 10 克就可以进行交易了。而如果以黄金每克 320 元计算的话，纸黄金的交易门槛为 3200 元。任何一个想要进行纸黄金交易的投机者，都可以在适当的时间里进行黄金的买卖。不过考虑到纸黄金的交易成本较大，投资者并不适合非常少的资金来进行交易。

6. T+0双向交易

纸黄金的交易方式是T+0双向交易方式，在每天24小时的交易时段中，投资者可以在任何时候开仓和平仓买卖黄金，而不用担心不能成交的问题。这种交易模式，有助于投机者把握操作利润，获得真正的投资回报。

7. 交易平台不够灵活

银行纸黄金的交易平台是网页形式的，不够灵活，不如我们通常看到的软件形式的交易平台。软件形式的交易平台设置更加方便，能满足不同投资者对交易平台的不同要求。对于初入市的投机者来讲，即便买卖黄金的平台并不是很灵活，投资者也可以作为练手的工具来使用。当投资者适应了黄金的价格波动和T+0的交易方式以后，再转为操作黄金期货都是可以的。毕竟，黄金的投资能否成功，还在于投资者是否已经具备了独到的眼光。如果投资者能够在任何时候都能认识到金价的波动方向，那么不管是纸黄金还是什么平台，都是能够获利的。

8. 适用范围广

鉴于纸黄金的入市条件并不高，10克的最低交易量，只需要3000元资金左右，这样低的资金投入显然不是问题，任何一个打算进行黄金交易的投资者都是能够承受的。

纸黄金可以说是入门级的黄金交易方式，是中小投机者可以选择的交易手段。还没有进行过黄金交易的投资者，可以在纸黄金上投入资金满足投资需要，以便获得第一手的交易资料。纸黄金的交易并无杠杆存在，这也对投资者的资金投入限定了条件。如果不是全额资金投入的话，投资者的盈利效率应该很高，才能使用有限的资金获取更高回报。当然，不存在杠杆的纸黄金交易形式，也限定了投资者的亏损空间，减少了投资中无形的损失。

三、黄金 T + D

T + D 里的"T"是 Trade（交易）的首字母，"D"是 Delay（延期）的首字母，因此黄金 T + D 就是黄金延期交易的意思。那么黄金 T + D 就是指由上海黄金交易所统一制定的、规定在将来某一特定的时间和地点交割一定数量标的物的标准化合约。

黄金 T + D 中的投资者既承担着风险转移的角色，也存在期间获取投机回报的机会，而经营者则可以利用黄金 T + D 交易这个平台来转移风险，提高盈利空间。在公平的交易环境中，投资者可以利用黄金 T + D 的保证金交易提供盈利空间，达到短时间获取高额投机回报的交易目标。

而黄金 T + D 交易的吸引人之处，也正在于价格连续波动过程中，发挥了杠杆作用的投机活动能够获得潜在高额回报。如果对黄金价格走势精准把握的话，获利是很容易的事情。在开仓和平仓的交易转换中，投资者足不出户就能获取高额回报。

目前国内各大银行可以开通黄金 T + D 的交易业务，投资者最少要交易 1000 克的黄金，方能达到最低介入的资金量。黄金 T + D 的交易平台灵活，价格走势连续运行，以及杠杆的存在，使这种交易方式非常适合投机，从而获取真正的高额回报。那么黄金 T + D 究竟具有何种交易特点呢，下面将具体说明。

1. 交易渠道

相比较黄金期货的软件交易方式，黄金 T + D 的个人网上银行贵宾版交易方式，显得有些不够灵活。但是黄金 T + D 的开通方便，只要到银行办理实物黄金账户注册开户，或者去上海黄金交易所的会员单位在线预约开户。在金交所返还账户开户信息以后，在网上银行签署对应的银行贵金属交易协议，就可以进行黄金 T + D 的交易了。

2. 交易单位合理

黄金 T+D 的一标准手是 1000 克的黄金。从合约大小来看，1000 克的黄金如果以 320 元/克来计算的话，相当于一手黄金价值高达 32 万元。如此大的交易单位，如果不是杠杆的存在，资金小的投机者很难参与这样的交易。就是因为杠杆存在，也增加了投资者参与的范围。

3. 杠杆率适中

黄金 T+D 的保证金比率为合约价值的 10%，说明杠杆率为 10 倍，比较适合投机者操作放大资金利用效率，增加获利潜力。按照 10% 的保证金比例，同样的 32 万元一手的黄金 T+D 合约，仅仅需要 3.2 万元就能进行交易。但是从价格变化上看，黄金每一次波动 1%，反映在真实账面价值上的变化应该为 32 万元 × 1% = 3200 元。也就是说，黄金每一个百分点的波动率，相当于为投机者创造了 3200 元的利润。当然，如果投资者持仓方向刚好与黄金价格波动方向相反的话，那么 1% 就相当于投资者损失了 3200 元的资金，对资金的影响也是非常厉害的。

4. 交易手续费比较高

从交易费用上来看，黄金 T+D 持仓一手的费用需要 14‰，这样的费用水平投资者还是能够承受的。需要关注的是，在持有黄金头寸的过程中，需要多付一些延期费用。投资者如果不是日内交易方式，延期费用将占用投资者一部分资金。资金量虽然比较小，却不能忽视。除非投资者对行情的把握独到，能够获得丰厚收益，那么延期费用对盈利的影响将不会太大。特别是在行情出现之时，黄金价格波动的空间很大，投资者顺势持仓可获得比较好的回报。

5. 有涨跌停限制

上一交易日结算价的 ±7%（视情况调整）。

黄金 T+D 的波动空间是有限制的，上涨和下跌的幅度均不能超过 7%。这样一来，在一定程度上限定了投机者的损失，同时也减小了短时间内获利的空间。考虑到黄金价格的波动空间一般不会高达 7% 以上，这一涨跌幅度上的限制，其实对价格走势和投机者的盈利并没有过多的关系。

因为，即便是在涨跌幅度限制比较严格的情况下，投机者如果重仓操作，也可以在很短的时间里获得高额回报或者遭受很大的投机损失。这样看来，涨跌停板对投机者的限制并不是很大。

6. 交易时间限制多

上海黄金交易所开市时间在每天都分为三个阶段，成为交易时间限制比较多的交易方式。早市交易时间为 9：00~11：30（周一早市交易时间为 8：50~11：30），午市交易时间为 13：30~15：30，夜市交易时间为 21：00~2：30（周五无夜市）。三个不同的交易时段，基本上覆盖了不同的重要交易时刻。而晚上虽然交易时间在 21：00 以后，并未错过欧美盘的交易时段，显然也为投机者提供了比较好的买卖时机。投资者完全可以在晚上欧美盘活跃的时候参与黄金 T+D 交易，这样获利的概率更高。毕竟，外盘能够在很大程度上影响黄金的波动空间，为投资者提供较好的操作机会。

7. 递延补偿费、超期补偿费

黄金 T+D 的另外两种费用，分别是递延补偿费、超期补偿费，这两种费用占每手持仓的金额的 1.5‰和 1‰。看起来 14‰的交易费用就算是比较高的水平了，而这两种费用加在一起，合计总费用在 16.51‰，还是非常高的水平了。考虑到投机者持仓过程中，很可能对黄金的运行趋势判断不够准确。频繁平仓开仓的过程中，快速回升的费用就能够轻松将投机者的盈利空间覆盖。显然，对费用的重视是非常有必要的。短线投机为目标的情况下，投机者更应该关注黄金 T+D 的这种费用情况。

四、黄金期货

以黄金价格为标的物的黄金期货合约，上市于上海期货交易所。该期货合约的出现，不仅为套期保值的贸易商提供了保值手段，也为投机者提供了获取价格差异的投机机会。由于黄金期货合约是标准化的合约品种，黄金期货反映了黄金现货价格的运行方向。黄金期货的出现，不仅为国内提供了定价黄金的手段，也为投资者提供了黄金投资机会。近些年，黄金价格大幅度上涨的时候，投资者都已经发现了黄金投资中的获利机会。如果在黄金期货上进行投机交易，同样能够获得不错的利润。

1. 标准手为 1000 克

黄金期货的交易单位是一手 1000 克。如果按照 320 元/克的价格来计算，一手黄金期货的价值为 320 元 × 1000 = 320000 元。从合约价值来看，黄金期货的价值还是非常高的，这要比一般的商品期货的价值要高一些。32 万元一手黄金期货，对于中小投机者来讲，已经是不小的数目了。实战当中，对于黄金的交易要非常谨慎。价值较大，对于资金要求很高，操作不当容易造成巨大损失。黄金价格的波动空间很大，即便存在涨跌停板，也会出现较大的波动幅度，加上一手黄金期货的价值很高，投资者获利潜力大，承担的持仓风险也很大。高收益、高风险无疑在黄金投机交易中得到了充分的体现。

2. 12% 保证金，杠杆很大

期货公司黄金期货的保证金水平一般为 12%，不同的期货公司设置上会有一点差别，一般不会太低。12% 的保证金水平，杠杆率可以高达 8.3 倍。这样一来，黄金价格波动空间每增加 1%，对保证金的影响将高达 8.3 × 1% = 8.3%。实战当中，投资者应该考虑保证金根据价格走势的变化，以及投机者这个时候应该承担的持仓风险。如果这种风险并未在控制之中，那么持仓增加会加速投机者亏损甚至爆仓。

3. 涨跌停 5%，幅度较高

黄金期货的涨跌停板幅度为 5%，黄金价格平日里的波动幅度一般不会达到 5% 的波动空间。一般来看，高达 1.5%~2% 的波动幅度已经是很高的了，因此 5% 的涨跌停板限制，并不影响投机者的正常交易活动。期货交易当中，涨跌停板的设置，一般起到的作用是很有限的。如果价格波动幅度高达 5% 的话，投机者在获利空间可以高达 8.3 × 5% = 41.5%。倘若价格波动方向与投机者的持仓方向不一致的话，那么损失也会高达 41.5%。可见，投机者在操盘的过程中，价格波动幅度不会达到 7% 的波动空间，投机者就会主动止盈出局或者止损避险了。

4. 交易时间比较短暂

每周一到周五的 9：00~11：30，下午的 1：30~3：00，是黄金期货的交易时段。从交易时间来看，显然比纸黄金、天通银和粤贵银的 24 小时要少很多。这样一来，很短的时间里价格波动空间就会相对较高了。短时间内价格的宽幅波动，为投机者提供了高效的操作机会。当然，时间有限，投机者并不能在长时间内操作黄金期货，也不可能根据自身需要选择操盘时间，这相比 24 小时的黄金期货交易要差很多。24 小时的黄金期货交易中，投机者能够把握的机会是很多的。而重要的欧美盘出现在晚上 9：00 以后，黄金期货交易方式却不能提供这一交易时段的盈利机会。

5. T+0 的交易方式

T+0 的交易方式，并非黄金期货特有的，期货品种采取的都是这种交易方式，但是，T+0 的交易方式还是值得一提的。原因很简单，T+0 的交易方式为投机者提供了盈利机会，也放大了操作中的损失概率。特别是随着价格波动而情绪不稳定的投机者，尤其会遇到这种情况。开始的时候，黄金投机还是有控制地买卖操作。随着情绪的激烈变化，投机者不受控制地买卖黄金必然放大交易风险，费用的增加也是损失放大的原因。可以说，T+0 的交易方式是一把"双刃剑"，为投机者提供买卖机会的同时，也无情地放大了风险，值得投机者关注。

第二章　国内白银的主要交易方式

一、纸白银

继纸黄金后的一个新的贵金属投资品种，就是各大银行相继推出的"纸白银"业务。纸白银是一种个人凭证式白银，投资者可以按照银行报价在账面上买卖"虚拟"白银，并且赚取白银价格波动的利润。纸白银的交易方式中，投资者只是赚取差价，却不能进行白银实物的交割。这对于打算投资白银的投资者来讲，还是一个不错的交易选择。

1. 开户简便

在相关银行开通了网银的客户，就能够通过网上终端完成纸白银的开户。当然，如果不通过网银开通，也可以在银行柜台开通纸白银的交易。开通以后，投资者入金便可以进行纸白银的买卖了。目前，能够进行贵金属白银交易的银行有工商银行、招商银行、广发银行、中国银行、建设银行等国内银行。

2. 交易时间灵活

国际上白银交易是 24 小时滚动式完成的，而银行纸白银的价格来源也是国际上白银价格，自然也是 24 小时的滚动运转了。在每周一的 6：50~7：00 开市以后，直到周六的凌晨 6：00 才会休市。24 小时的滚动交易流程，不仅方便了投机者根据自身需要安排交易时间，也增加了短线交易机会，潜在的获利幅度会随之增加。值得关注的是，24 小时的交易时间里，白银价格波动的幅度是不一样的。一般来看，在欧美交易时段，银价波动空间较大，有助于投资者获得短线利润。

3. 成本高

纸白银的交易费用是比较高的，一般来看，银行买卖纸白银的交易费用高达投资金额的 1%。也就是说，纸白银的交易金额如果是 1 千克的话，将会花费投资者 6000 元左右，而其中的费用就高达 60 元。可见，在购买纸白银的过程中，投资者不得不关注费用对资金的影响。特别是短线交易的投机者，获利程度如果不高的话，很可能因为费用的存在遭受不小的损失。也就是说，费用可以轻易吞噬微薄的利润，投资者还需谨慎参与短线纸白银交易。

4. 波动大

既然纸白银的价格走势是根据国际白银价格走势运行的，那么白银的波动空间显然是不受限制的。不同于股票的 10% 波动幅度限制，白银虽然日常波动空间在 2%~3% 附近，而一旦出现消息面的影响，白银价格波动空间将会非常大。考虑到杠杆交易的存在，对投资者保证金的影响可以高达 100% 以上。

5. 门槛低

纸白银的交易门槛是非常低的，理论上 1 克就可以进行交易了。而如果以白银每克 6.0 元计算的话，纸白银的交易门槛几乎是不存在的。任何一个想要进行纸白银交易的投机者，都可以在适当的时间进行纸白银的买卖。不过考虑到纸白银的交易成本较大，投资者并不适合用非常少的资金来进行交易。

6. T+0 双向交易

纸白银的交易方式是 T+0 双向交易方式，在每天 24 小时的交易时段中，投资者可以在任何时候开仓和平仓买卖纸白银，而不用担心不能成交的问题。这种交易模式，有助于投机者把握操作利润，获得真正的投资回报。

7. 交易平台不够灵活

银行纸白银的交易平台是网页形式的，而不是我们通常看到的软件形式的交易平台，显然对投资者来讲并不灵活。软件形式的交易平台设置更加方便，能满足不同投资者对交易平台的不同要求。对于初入市的投机者来讲，即便买卖纸白银的平台并不是很灵活，投资者也可以作为练手的工具来使用。当投资者适应了纸白银的价格波动和 T+0 的交易方式以后，再转为操作粤贵银、天通银都是可以的。

8. 适用范围广

鉴于纸白银的入市条件并不高，不仅中小投机者可以参与，资金量较高的投机大户也可以参与纸白银的交易。相比粤贵银、白银 T+D 以及白银期货交易，纸白银可以说是入门级的白银交易方式，是中小投机者可以选择的交易手段。还没有进行过白银交易的投资者，可以在纸白银的投资上投入少量资金来操作，以便获得第一手的交易资料。然后在具有杠杆而费用较低的交易平台能够操作，更容易在入市以后获得真正的利润。

二、天 通 银

天津贵金属交易所是天津市政府批准，由天津产权交易中心发起设立的公司制交易所，交易所注册资本金为 1 亿元人民币，由中国中信集团控股，天津产权交易中心、中国黄金集团公司等企业参股。天津贵金属交易所，是滨海新区金融先行先试的重要创新实践之一。该交易所采用分散式柜台交易模式进行现货和现货衍生品交易，交易时间与国际市场接轨。交易所交易品种涉及贵金属（黄金、白银、铂金、钯金）、有色金属现货批发、零售、延期交收，并为其提供电子平台。天通银正是在该交易所上市交易的贵金属品种。2012 年 2 月，天津贵金属交易所正式运行。

1. 交易时间灵活

在天津贵金属交易平台上买卖天通银，交易时间也是 24 小时灵活交易的。从周一上午 8：00 开始到周六凌晨 4：00 结束，一周 24 小时的白银买卖，为投资者提供了非常丰富的交易机会。只要投资者有时间，即便是在晚上也能够买卖白银，以与国际接轨的价格来买卖白银，完成投机活动。

2. 交易费用较低

不同于银行开户的纸白银高达 1% 的费用，天通银的交易费用为 8‰，显然远远低于银行纸白银的交易费用。在实战投机活动中，白银价格波动幅度虽然比较强，但是能够持续获得利润的投机者还是不多见的。这样一来，相对低廉的交易费用，明显对投机者有很大的优势。灵活多变的投机方式，加上低廉的交易费用，就比较容易获得成功。

3. 波动空间不受限制

天通银的价格波动范围也是跟国际接轨的，并没有涨跌幅度的限制。在真正的趋势形成以后，投机者持仓方向如果适应价格波动趋势的话，短时间内就能够获得不错的投机回报。特别是在消息面影响下，白银价格出现非常大的波动空间的时候，不受限制的价格波动，必然为投机者创造丰厚的投机利润。

4. 门槛合理

天通银的一手白银交易虽然是 1.5 千克的白银，但是考虑到保证金的存在，投资者只需要付 8% 的资金，就能够交易一手天通银了。如果以 6.0 元/克的白银价格计算的话，1.5 千克的天通银价值为 $1.5 \times 1000 \times 6.0 = 9000$ 元。考虑到保证金 8% 的存在，投机者实际上只需要支付 $9000 \times 8\% = 720$ 元，就可以操作天通银了。如此看来，720 元的资金来操作多达 1.5 千克的白银，还是非常值的。实战的投机交易中，门槛合理有助于投机者建立合理的头寸，并且在恰当的时间增加仓位，获得真正的投机回报。

5. T+0 双向交易

T+0 的交易方式，是最吸引投机者的重要原因。白银价格波动一般是很大的，相比黄金来讲，白银的波动空间是前者的 1 倍以上。实际上，投机者完全能够在天通银的买卖中获得投机回报。考虑到交易方式为 T+0 的形式，有助于投机者短线获利了结头寸，这在实战中意义非常大。

T+0 的交易方式固然吸引人，而双向交易方式也为投机者的实战获利创造了条件。双向白银投机交易方式，有助于投机者获得真正的利润。在白银价格波动的过程中，投机者能够在价格上涨和下跌两个方向上获利，这就成倍增加了获利概率。如果操作手段合理，投机者每一次的开仓都是顺应价格波动方向进行的，那么就很容易在白银双向波动的过程中获利了。

6. 交易平台灵活

天通银的交易平台是非常灵活的，可以是软件形式的行情和交易平台，投资者可以根据自身的需要来考虑不同的设置风格，极大地提高了投机者的使用效果，进而客观上增加投资者获利的潜力。在设置好自己熟悉而可以灵活运用的交易和行情软件进行白银的买卖，投机者更容易发挥自己的技术特点，获得真正的利润。

7. 杠杆交易

杠杆交易是众多期货交易品种最为吸引人之处，也是投机者广泛参与期货品种交易的重要原因。天通银就是这样的期货衍生品种，8%的保证金水平保证了杠杆率高达 12.8 倍，这显然大大提高了投机者的资金利用效率，对于获得行情中的利润帮助很大。白银交易实战中，投资者可以在银价波动幅度仅有 10%的情况下，获得高达 12.5%的利润（不计算交易费用的情况下），这就是杠杆在起着作用。当然，杠杆的存在，不仅放大了获利潜力，也对应放大了实际操作中的损失，这也是杠杆的负面影响。

8. 可提取白银实物

天通银的交易不仅限于交易本身，投机者如果想要获得实物白银的话，是可以进行交割的，这显然不同于纸白银只进行价格买卖的情况。实物交割的重要作用，在于投机者可以在投机中获利，也可以将投机利润转化为实物进行交割。白银的交易商可以利用天通银的这种实物交割功能，来实现白银的实物交割，把白银实物买入或者卖出去。

9. 价格不受主力控制

白银价格既然是与国际白银价格接轨的，那么价格的波动一定是不受任何人、任何机构控制的。实际上，白银价格的参与者是非常广泛的，价格上涨或者下跌的情况，是投资者和场内的投机者共同作用的结果，不可能轻易被某些人控制，这也为公平交易创造了条件。

10. 资金第三方托管，保证安全

资金安全方面看，天通银交易的资金是有第三方托管的。也就是说，投资者的资金并不是存在交易所或者是交易所的会员那里的，而是通过开通托管服务的银行来托管交易资金的，从而保证了投资者的资金安全。相比较纸白银的交易方式，天通银的交易方式，资金安全是完全有保证的。

11. 交割时间不受限制

天通银不仅能够进行实物交割，而且是不受限制的实物交割，这也方便了实际操作中投资者的交割需求。不像白银和相关商品期货的交割限制在特定的月份，天通银的这种交割方式，有助于投机者把握合理的价位达到交割目标。

三、粤贵银

经过国务院审批通过、广东省政府批准，广东省贵金属交易所成为广东省第一个贵金属交易平台。广东省贵金属交易所有两个白银产品，粤贵银9999和粤贵银9995。两种白银交易产品，涵盖了电子盘交易与实物交收交割两种方式。与其他的投资品种一样，粤贵银是以银锭、银条、银砖的形式进行投资，以标准手的方式进行买卖的交易品种。作为与天津贵金属交易所、上海贵金属交易所齐名的交易平台，广东贵金属交易所的粤贵银产品不仅可以进行买卖，还可以进行实物的交割，为投机者和投资者提供了不错的买卖条件。

1. 与国外同步的 24 小时交易

与天通银的交易时间段相同，粤贵银交易时间也是 24 小时灵活交易的。从周一上午 8：00 开始到周六凌晨 4：00 结束，一周 24 小时都可以进行白银买卖操作。从选择交易方式上看，交易时间上的 24 小时，是天通银、粤贵银和纸白银的共同之处。这三种白银交易时间都非常灵活，有利于投机者在更多的时间把握操作机会。特别是到晚上的欧美开盘的阶段，白银价格波动空间较大，投机者容易在投机交易中获得利润。

2. 交易费用同样低廉

粤贵银的交易费用为 8‰，显然远远低于银行纸白银的交易费用，与天通银的交易费用相同。但是从持仓方面看，粤贵银的持仓费用为 1.25‰，同比天通银的 2‰要低一些，这有助于中短线投机者持仓获得利润。毕竟，交易费用上的微小差别，反映在长期交易活动中就是非常高的。选择低廉的持仓费用，不仅有助于投机者增加收益，还减少了亏损的概率。善于在中长线操作白银的投机者，可以选择粤贵银来操作，降低持仓成本的过程中，提高获利水平。

3. 波动空间广阔

粤贵银与天通银的价格波动都是不受限制的，并且也是跟国际接轨的，投机者能够把握的投机机会会更多一些。在行情出现的时候，投机者可以短时间内加仓把握住丰厚的利润。白银价格的活跃特征必将为投机者提供不错的盈利空间。

4. 入市门槛较低

由于粤贵银有两种白银产品，粤贵银 9999 和粤贵银 9995，那么保证金方面就有两种选择了。前者的保证金最低为 20%，而后者的保证金最低为 8%。后者的保证金水平与天通银是一致的。

在交易单位上看，一手粤贵银 9999 的重量为 1 千克，而一手粤贵银 9995 的重量为 15 千克，两者不同的保证金水平来计算的话，交易一手价格为 6 元/克的白银分别需要资金 1200 元（1000×6×20%=1200 元）和 720 元（1500×6×8%=720 元）。可见，两者还是有一些差别的，总体来看需要的资金数量并不高。天通银以 6 元/克计算的一手白银价格也需要 720 元。

5. T+0 双向交易

T+0 的交易模式，在上一章中已经说过，粤贵银的交易方式也是这样的。在 T+0 交易制度下，投机者获得利润的机会很多。能够把握机会又能控制风险的投机者，是可以不断获得收益的。

6. 交易平台灵活

粤贵银的交易平台也是软件形式的，行情软件和交易软件投机者可以灵活运用。不同的交易软件，交易方式和交易过程是类似的。行情软件提供价格波动的信息，投机者可以根据自身需要，设定不同的技术指标和参考线，以便获得投机利润。天通银和粤贵银的两种交易平台，都是投资者可以灵活掌握的。

7. 杠杆交易

杠杆交易也是粤贵银的重要交易方式，是吸引投机者参与白银买卖的重要基础。杠杆交易方式与 T+0 交易、买和卖双向交易，是白银买卖的重要基础。投机者的获利潜力，也是基于这三种交易方式的基础上实现的。双向买卖白银的交易方式，为投机者提供了翻倍的获利机会。不管价格朝向哪一个方向运行，准确判断价格波动趋势的投机者，就能够开仓并且获得利润。粤贵银 9999 和粤贵银 9995 两种交易方式，杠杆分别为 5 倍和 12.5 倍（以 20% 和 8% 的保证金来计算）。

8. 可提取白银实物

粤贵银的交易不仅包括电子盘，还包括实物交收交割，是可以进行投机交易和实物交割两种交易方式的。打算获得短线白银投机回报，粤贵银 9995 就是不错的交易品种，而选择最终交割的话，在投机交易中获利后交割，也是不错的选择。

9. 价格不受主力控制

由于粤贵银采取的是做市商的交易手段，投机者买卖白银的价格是做市商的公司提供的，而买卖白银的过程也是在公司之间完成的。这样一来，价格的走向就不受投机者的控制。实际上，白银价格的走势，已经正确反映了市场对价格预期的波动方向，是不受大户或者是资金强大的机构控制的市场认可的价格。因此，投机者在参与白银买卖的时候，并不存在价格受到控制的风险。

10. 资金第三方托管，保证安全

做市商的交易商提供了供投机者买卖的白银价格，并且接受投机者的买卖要求。时机上，资金的往来是通过银行来实现的，并不涉及做市商的问题。因此，从资金安全的角度来分析的话，投机者不必有这方面的担忧。天通银和粤贵银的交易方式都是做市商的形式，在资金安全上完全有保证。投机者可以将担忧放在买卖白银的操作上，因为真实的风险是来自于白银价格的异常波动。

11. 交割时间不受限制

天通银不仅能够进行实物交割，而且是不受限制的实物交割，这也方便了实际操作中投资者的交割需求。不像白银和相关商品期货的交割限制在特定的月份，天通银的这种交割方向，有助于投机者把握合理的价位达到交割目标。

四、白银 T + D

白银 T + D 是上海黄金交易所上市交易的白银交易产品。上海黄金交易所是经国务院批准，由中国人民银行组建的实行自律性管理的交易所。交易所实行会员制组织形式。该交易所上市的交易品种不仅有白银，还包括黄金、铂金的交易。交易所主要实行标准化撮合交易方式。交易时间为每周一至五（节假日除外）上午 9：00~11：30，下午 13：30~15：30，晚上 21：00~2：30。白银有99.9、99.99 现货实盘交易品种和 Ag（T+D）现货保证金交易品种。也就是说，投机者如果想参与白银买卖的话，Ag（T+D）是不错的品种，而白银的现货交易品种则不适合以获取差价为盈利目标的投机者。

1. 交易渠道

相比较粤贵银和天通银的软件交易方式，白银 T+D 的个人网上银行贵宾版交易方式，显得有些不够灵活。在实际操作中，比较适合投机者使用的还是粤贵银和天通银的软件交易方式。投机者既可以在行情软件中查看价格走势，也可以在交易软件中完成开仓和平仓的一系列步骤，还是比较好用的。

2. 交易单位合理

白银 T+D 的一标准手是 1000 克的白银。从合约大小来看，与天通银的交易单位是一致的。而粤贵银的交易单位是 1000 克或者 1500 克，稍有差别。

3. 杠杆率适中

白银 T+D 的保证金比率为合约价值的 18%，说明杠杆率为 5.6 倍，比较适合投机者操作白银期货。特别是不善控制仓位的投机者，比较合理的杠杆率，能够帮助投机者减少资金占用率，降低持仓风险。以 6 元/克计算，操作一手白银 T+D 需要资金为 1000 元 × 6 × 18% = 1080 元。1080 元的最低开场资金对投机者来讲并不是很高，一般的投机者都能够接受。

4. 交易手续费比较高

从交易费用上来看，白银 T+D 的持仓一手的费用需要 14‰，在各种白银交易方式中，还是相对较高的收费标准。除了纸白银的交易费用为 1%，第二高的费用就是白银 T+D 交易方式了。考虑到投机者的操作水平可能比较有限，每一次持仓过程中盈利空间不会太高，过高的交易费用也无形中降低了投机者的获利空间。

5. 有涨跌停限制

上一交易日结算价的±7%（视情况调整）。

白银 T+D 的波动空间是有限制的，上涨和下跌的幅度均不能超过 7%。这样一来，在一定程度上限定了投机者的损失，同时也减小了短时间内获利的空间。考虑到白银价格的波动空间一般并不会高达 7% 以上，这一涨跌幅度上的限制，其实对价格走势和投机者的盈利并没有过多的关系。

因为，即便是在涨跌幅度限制比较严格的情况下，投机者如果重仓操作，也可以在很短的时间获得高额回报或者遭受很大的投机损失。这样看来，涨跌停板对投机者的限制并不是很大。

6. 交易时间限制多

上海黄金交易所开市时间在每天都分为三个阶段，成为交易时间限制比较多的交易方式。早市交易时间为：9：00~11：30（周一早市时间08：50~11：30），午市交易时间为：13：30~15：30，夜市交易时间为：20：50~02：30（周五无夜市）。三个不同的交易时段，基本上覆盖了不同的重要交易时刻。而晚上虽然交易时间在20：50，却没有错过欧美盘的交易时段，显然也为投机者提供了比较好的买卖时机。不过，相比较纸白银、天通银和粤贵银的24小时交易模式，白银T+D的这种交易方式并不是很理想，在很大程度上减少了投机者的有效操作机会。因为人为设置交易时段的原因，白银价格的走势必然会出现跳空的情况，无助投机者判断买卖时机以及价格波动方向。

7. 递延补偿费、超期补偿费

白银T+D的另外两种费用，分别是递延补偿费、超期补偿费，这两种费用占每手持仓金额的1.5‰和1‰。看起来14‰的交易费用就算是比较高的水平了，而这两种费用加在一起，合计总费用在16.5‰，还是非常高的水平了。考虑到投机者持仓过程中，很可能对白银的运行趋势判断不够准确。频繁平仓开仓的过程中，快速回升的费用就能够轻松将投机者的盈利空间覆盖。显然，对费用的重视是非常有必要的。短线投机为目标的情况下，投机者更应该关注白银T+D的这种费用情况。

五、白银期货

以白银价格为标的物的白银期货合约，在2012年5月10日，上市于上海期货交易所。该期货合约的出现，不仅为套期保值的贸易商提供了保值手段，也为投机者提供了获取价格差异的投机机会。由于白银期货合约是标准化的合约品种，白银期货反映了白银现货价格的运行方向。白银期货的出现，不仅为国内提供了定价白银的手段，也为投资者提供了白银投资机会。近年来，白银价格大幅度上涨的时候，投资者都已经发现了白银投资中的获利机会。如果在白银期货上进行投机交易，同样能够获得不错的利润。

1. 标准手为 15 千克

白银期货的交易单位是一手 15 千克。如果按照 6 元/克的价格来计算，一手白银期货的价值为 6 元 × 15 × 1000 = 90000 元。从合约价值来看，白银期货的价值还是非常高的，这要比一般的商品期货的价值要高一些。9 万元一手白银期货，对于中小投机者来讲，已经是不小的数目了。实战当中，对于白银的交易要非常谨慎。价值较大，对于资金要求很高，操作不当容易造成巨大损失。

2. 15%保证金，杠杆合理

白银期货的保证金水平一般为 15%，不同的期货公司，设置上会有一点差别，一般不会太低。因为，期货交易所的最低白银期货保证金为 10%，期货公司会在这一基础上加上几个点。达到 15%的保证金水平，对应的杠杆率为 6.7 倍。6.7 倍的保证金比率，以及白银期货一手高达 9 万元的价值来看，投机者交易一手白银期货需要 13500 元，对资金的需求还是很高的。即便是 6.7 倍的杠杆，也足够投机者充分利用资金来获利了。

3. 涨跌停 7%，幅度较高

白银期货的涨跌停板幅度为 7%，白银价格平日里的波动幅度一般不会达到 7%的波动空间。一般来看，高达 1%~2%的波动幅度已经是很高的了，因此 7%的涨跌停板限制，并不影响投机者的正常交易活动。期货交易当中，涨跌停板的设置，一般起到的作用是很有限的。如果价格波动幅度高达 7%的话，投机者获利空间可以高达 6.7 × 7% = 46.9%。倘若价格波动方向与投机者的持仓方向不一致的话，那么损失也会高达 46.9%。可见，投机者在操盘的过程中，价格波动幅度不会达到 7%的波动空间，投机者就会主动止盈出局或者止损避险了。

4. 交易时间比较短暂

每周一到周五的 9：00~11：30，下午的 1：30~3：00，是白银期货的交易时段。从交易时间来看，显然比纸白银、天通银和粤贵银的 24 小时要少很多。这样一来，很短的时间里价格波动空间就会相对较高了。短时间内价格的宽幅波动，为投机者提供了高效的操作机会。当然，时间有限，投机者并不能在长时间内操作白银期货，也不可能根据自身需要选择操盘时间，这相比 24 小时的白银期货交易要差很多。24 小时的白银期货交易中，投机者能够把握的机会是很多的，而重要的欧美盘出现在晚上 9：00 以后，白银期货交易方式却不能提供这一交易时段的盈利机会。

5. T+0 的交易方式

T+0 的交易方式，并非白银期货特有的，期货品种采取的都是这种交易方式。但是，T+0 的交易方式还是值得一提的。原因很简单，T+0 的交易方式为投机者提供了盈利机会，也放大了操作中的损失概率。特别是随着价格波动而情绪不稳定的投机者，尤其会遇到这种情况。开始的时候，白银投机还是有控制地买卖操作。随着情绪的激烈变化，投机者不受控制地买卖白银必然放大交易风险，费用的增加也是损失放大的原因。可以说 T+0 交易方式是一把"双刃剑"，为投机者提供买卖机会的同时，也无情地放大了风险，值得投机者关注。

第三章　模拟准备阶段
——设定交易目标

一、熟悉交易环境

期货价格的波动非常频繁，期间的操作风险很大，适应交易软件是模拟交易的重要目标。这也是熟悉操作过程的重要前提条件。

从软件的设计方面看，都是非常人性化的交易界面。但刚入市的投机者却应该重视软件的运用，从而避免因为陌生引起的资金损失。特别是在实盘交易之前，如果没有模拟交易来适应交易方式，直接进入实盘操作的风险是很高的。

期货交易都存在杠杆的，而黄金交易也不例外，如果投机者不能准确地操作交易软件，就只能用金钱弥补失误了。

适应黄金实盘交易之前，要从熟悉行情软件和交易软件来入手。这两个软件对于看盘和操作非常重要，对其运用会贯穿投机操作的始终。行情软件需要设置的地方很多，而不同的设置又是根据自身交易的需要来进行的。首当其冲的是软件显示的颜色设定、技术指标设定、主图价格图的类型、时间周期等。软件显示的颜色设定虽然简单，不同的投机者适应的颜色确实不一样的。合适的颜色设定，对投机者正确识别价格走势非常重要，这是投机者不得不考虑的问题。而行情软件主图的类型可以有 K 线图、收盘线图等多种情况。也许投机者更需要看 K 线图，不同的投资者却会选择收盘价格线等图表。技术指标的设置也很重要，合适的技术指标和相应的合理周期设置，为投机者提供了理想的操作信号，帮助投机者精准把握操作机会。

黄金的杠杆交易中，对行情软件和交易软件的掌握，事关交易的成败。价格走势瞬息万变，但是交易软件和交易行情软件的使用策略不变。一个成熟的黄金交易者，不仅对价格走势的趋势有正确的判断，对交易手段了如指掌，对看盘软件和交易软件也更加熟悉。正确运用的话，能够获得事半功倍的效果。准确地说，真实的交易机会稍纵即逝，熟练掌握软件使用的投机者能及时做出正确的决断，这有助于投机者增加投机回报。

黄金期货——博弈大师交易界面，如图3-1所示。

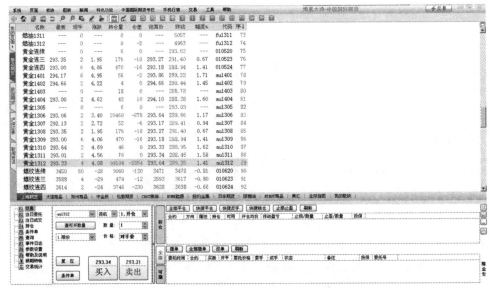

图3-1 黄金期货——博弈大师交易界面

期货交易软件——博弈大师交易界面显示，投机者的操作工具已经明确体现出来。只要投机者选中交易选项，并且选中交易品种、交易方式（投机、保值）、买卖方向、开仓数量、限价（市价），这样单击就能够很快成交了。在市价指令下，投机者的开仓很快就能成交。成交以后，平仓的话只要双击合约并且单击平仓就能够实现。买卖方式简单，只要灵活掌握还是很容易的。

值得注意的是，关于交易软件的一些使用，在参数设置栏目中就已经显示了。投机者单击参数设置，能够看到很多设置条款，做到其中的条款的话，投机者可以获得利润。

黄金期货——交易界面查询功能，如图3-2所示。

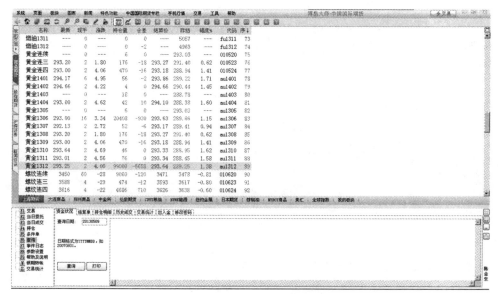

图 3-2　黄金期货——交易界面查询功能

　　博弈大师的交易界面内容丰富，能够查询到像资金状况、结算单、成交明细、历史成交、交易统计、出入金、修改密码方面的内容。需要查询相关信息的时候，投机者可以单击左边的查询功能、资金状况等选项，信息就会一目了然了。其中，特别重要的交易密码和资金密码设置功能，已经在查询功能里体现出来。投机者可以经常修改交易密码和资金密码，这样资金安全更有保证。

　　黄金期货——交易界面参数设定，如图 3-3 所示。

　　期货交易界面的参数设置选择，提供了人性化的调整方式。比如在交易界面方面，就有关于键盘下单、隐藏交易窗口、合约切换等多方面的内容设置，甚至还会有成交后播放声音等内容设置。交易当中涉及的各种软件用法，投机者都能一一进行修改，并且适应实盘操作。熟练的投机者可以有适合自己的交易方式，对软件的设置也有独到之处。根据参数设定功能，投机者能够将软件设置得更加人性化，这样有助于投机者实盘获得利润。

　　在快捷操作、止盈止损、自动止盈止损方面、默认手数、快捷键等方面的设置，投机者也可以根据自身需要修改。关于默认手数的确认，投机者可以根据将其设置为 1 即可。黄金投机交易不需要设定过高的默认手数，一手的黄金已经价值 30 万一手。采取一手开仓的交易策略，已经能够获得不错的效果。而白银的价格较低，一手白银价格不过 6000 元左右，投机者可以设定多手默认参数。

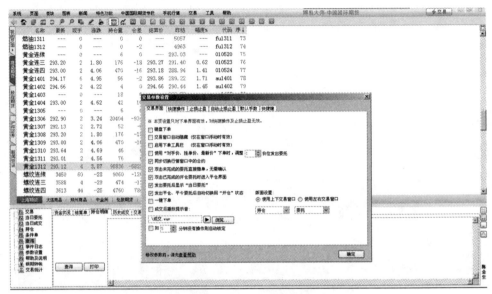

图 3-3　黄金期货——交易界面参数设定

黄金期货——博弈大师银期转账，如图 3-4 所示。

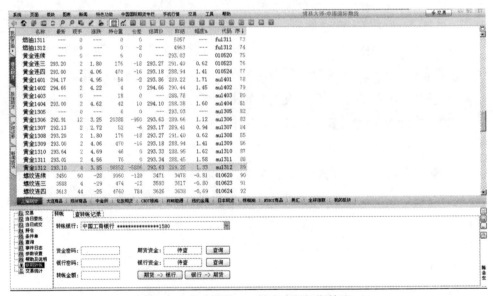

图 3-4　黄金期货——博弈大师银期转账

银期转账功能，也在交易软件的左侧已经体现了出来。不管是银行转期货还是期货转银行，都可在输入金额和密码后瞬间完成。黄金交易过程中，补充或者减少资金的操作可以在平仓后做出。如果当日平仓的话，交易完成后的第二个交易日可以进行向银行账户的转账。而银行资金向期货账户的转移可以在交易时段随时进行。只要资金上不足，投机者就可以将场外资金转移至账户中使用。

二、制定交易策略

制定模拟交易策略，也是投机者需要完成的事情。成熟的交易策略，才能在实盘交易中获得稳定的利润；如果交易策略不成熟，即便是在模拟交易中，也不可能持续盈利。在交易环境相似的情况下，投机者可以根据模拟交易来制定操作策略。如果交易策略经过检验能够持续获利，那么在实盘当中同样能获得类似的使用效果。

模拟交易中需要设置的交易策略，包括开仓信号、止损止盈信号、入市时机、选择交易手数以及最大开仓次数等内容。

充分理解金价走势是非常必要的，制定出适合自身的交易策略，也是持续获得回报的大前提。投机者完全可以在操盘过程中总结出一套适合自身的策略、方法，并且将这些策略运用到实盘交易中。制定出有效交易策略以后，还必须在实盘中有效地遵从交易策略，才能获得较好的效果。价格的变化千差万别，投机者的交易策略不需要做根本的改变。没有完美的交易策略，但投机者却可以在微调交易策略的情况下达到更好的效果。

交易策略在设置上能够满足多种需求，比如开仓信号、止盈止损信号等，都需要在模拟交易中制定。不同的投机者有自己独特的交易策略，但终究要达到以下相似的目标：

（1）选择恰当交易时段。

（2）建立稳定的开仓信号。

（3）有稳定的止盈设置方式。

（4）设定适应止损操作的最大亏损范围。

（5）交易手数的选择。

（6）交易次数的限制等。

以上所说都是在模拟交易中的必要项，投机者应该在模拟的过程中就制定出来。

三、学会资金安排

在黄金投机交易风险很高，每一次交易不一定动用全部资金，合适的资金投入对买卖帮助很大，是投机者盈利的关键。

开仓风险高低，是投入资金量的先决条件。如果开仓风险本身不大，那么动用更多的资金开仓显然对盈利有帮助。当投机者对趋势运行不够确定之时，大笔资金开仓只能面临巨大持仓风险，并且在此期间遭受损失。

一般而言，持仓资金应该以轻仓为主，这样可以减少持仓风险。重仓买卖黄金容易在价格异常波动之时遭受损失。就拿黄金期货的波动情况来说，主力合约的波动空间一般在 2% 以内，而累积波动幅度在 6% 以内。黄金期货的涨跌停板是5%，投机者可以据此计算开仓后资金波动空间，以便在最差的情况下也不会出现强行平仓的情况。相比较黄金价格波动，白银的波动强度要高一些，这也是投机者控制资金投入，进行资金安排的原因。

资金安排在模拟交易中非常重要，这是建立止损点的重要前提。合理的资金安排，即便在没有止损的情况下而不会遭受太大损失。如果一味地全仓买卖期货合约，再有效的止损功能也不会发挥应有的作用效果。特别是重仓持有期货合约的时候，一旦黄金价格当日波动空间加大，加上杠杆的放大效果，投机者会遭受很大损失。实战表明，黄金价格即便没有达到 5%，即便高达 3% 的波动空间，如果 50% 的资金用来持仓，对总资金的影响也会多达 15%。如果投机者操作上再出现一些不必要的失误，那么损失可就很高了。

保证黄金投机交易顺利进行，必然建立在合理的资金安排之上。只有资金安排有效，适应黄金波动特征，并且可以尽可能地减少损失，才有助于投机者获利。

黄金 1312——波动强度，如图 3-5 所示。

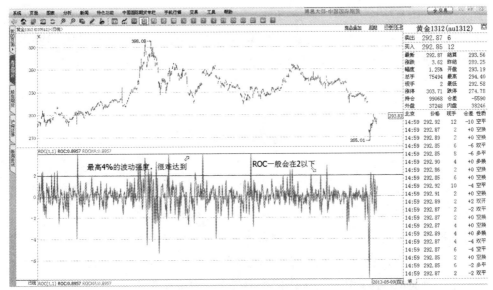

图3-5　黄金1312——波动强度

黄金1312合约的日K线图显示，价格波动强度最大在4%以内，一般的波动强度能够达到2%附近。针对这一特征，投机者也应该考虑在操作中尽可能地选择恰当的止盈止损位置。价格累计波动超过4%的情况很少，投机者应注意持仓风险。

美白银07——ROC指标在3.5%~6%，如图3-6所示。

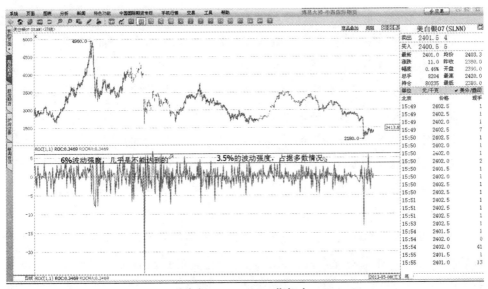

图3-6　美白银07——ROC指标在3.5%~6%

从美白银 07 合约来看，该合约的正常波动范围在 3.5% 以内。超过 3.5% 并且高达 6% 的波动强度并不容易实现。根据白银的波动特征，投机者可以考虑在资金安排上尽可能在价格大涨以后减仓，以避免白银价格短线调整面临的损失。

四、提高心理承受能力

黄金价格双向频繁波动过程中，投机者对趋势的掌控程度受到影响，操作上也容易出现失误。在期货市场上，能长期盈利的投机者很少，控制住心理波动并且理性交易的投机者更是少之又少。很多时候，投机者并不是不具备操作手段，而是出于自身情绪波动影响，才不能在期货交易中持续获利。

即便模拟交易不涉及资金转让，投机者也应该以实盘的姿态买卖期货合约，达到提高心理承受能力的目标。实际上，模拟交易中实现的盈利，就是将来实盘交易中会遇到的情况。相应地，如果出现较大亏损，也同样意味着实盘交易会出现相应的损失。对于盈利和亏损，投机者应该用平和心态应对。

在黄金实战交易中，价格的波动并不会一如既往地如投机者所愿。对于亏损和盈利投机者应该"习惯"。如果模拟交易运用到真实的期货买卖中，盈亏变化对投机者的影响会非常大，这应该得到重视。

黄金投机交易中亏损、盈利，是关系到投机成败的大事。有的投机者资金量过小，亏不起、赢不起，虽然不容易遭受较大损失，盈利空间有限。如果计算交易费用在内，价格波动过程中频繁止盈止损，还是容易赔钱的。盈利和亏损本身并不重要，正确的认识和交易策略才是重要的。

长期生存在期货市场的投机者不仅亏得起，而且赢得起，也不会因为一次较大的亏损望而却步，更不会因为一次空前的盈利沾沾自喜。实战黄金投机交易中，只有不以盈利喜、不以亏损悲的投机者，才可能获得稳定投机回报。

美白银 07 合约——跳空强度异常高，如图 3-7 所示。

美白银的跳空强度很高，一根大阴线的下跌空间居然高达 25.6%，这是投机者始料未及的。如果不存在杠杆的话，逆市持仓的投机者可以损失 25.6% 的资金。而如果计算杠杆在内的话，只需要区区 4 倍的杠杆，重仓的投机者就会出现爆仓的风险。更何况白银的投机交易中,杠杆经常高达 10 倍,这期间的风险还是很大的。

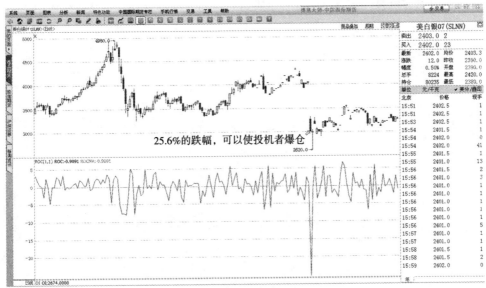

图 3-7 美白银 07 合约——跳空强度异常高

黄金 1312——跳空幅度高达 5% 和 7.69%,如图 3-8 所示。

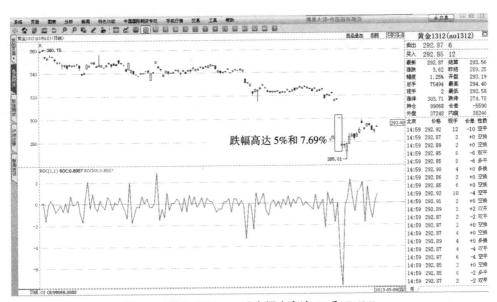

图 3-8 黄金 1312——跳空幅度高达 5% 和 7.69%

如黄金 1312 合约的日 K 线图显示，单一 K 线的波动强度高达 5% 和 7.69%，这显然是很高的幅度。一般来看，10 倍杠杆的前提下，多达 10% 的波动强度，对于那些重仓持有期货合约的投机者来讲，都是非常致命的。累计超过 10% 的价格波动，会让投机者的账户瞬间化为乌有。这样，在实盘交易中，提高心理承受能力是非常重要的，尤其还没有正确资金管理观念的投机者，更需要比较好的心理承受力。

第四章　模拟总结成果
——制定交易系统

一、选择交易时段：1小时K线图

1小时K线图是比较有效的操作周期，在1小时的时间里，价格足以完成的突破。因此，采取1小时K线来买卖期货合约，是比较可行的做法。

从黄金期货的1小时K线图来看，价格波动空间一般会在1%以内，超过1%并且达到2%以上的价格波动，经常是价格突破的信号。投机者选择1小时K线图来买卖黄金期货，能够过滤掉很多没必要的假突破信号，并且可以发现真实买卖的机会。

根据1小时K线图，投机者能够发现很多可以交易的机会。交易机会包括反转、突破以及背离操作。1小时K线图用途虽然广泛，并非适用每一个投机者。在实战运用过程中，投机者可以根据实际情况选择适合自己的交易时间段。随着时间段的增加，黄金价格波动的空间会不断扩大，相应地，K线图突破信号也会更加准确、清晰。如果投机者喜欢比较少的交易次数，尽可能获得较高的回报，那么日K线图以及周K线图的投机效果更好。

黄金1312——波动强度，如图3-9所示。

从1小时K线图看来，黄金1312合约的波动强度一般在0.7%以内，高达4%的涨跌幅度并不容易实现。事实上，投机者如果选择一小时的K线图来操作，获利潜力还是很高的。毕竟黄金价格在这一计算周期内的波动范围很大，如果准确把握操作机会，还是能够获得不错的回报的。1小时K线图的波动频率大，也有助于投机者盈利。

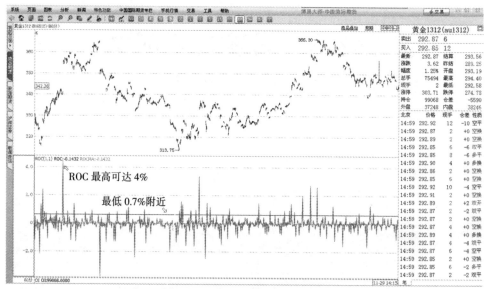

图 3-9　黄金 1312——波动强度

白银 1312——波动强度，如图 3-10 所示。

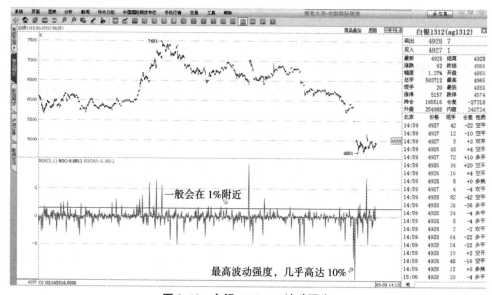

图 3-10　白银 1312——波动强度

白银 1312 合约的 1 小时 K 线图显示，价格的波动强度在 1%~10% 都是存在的。这表明，白银的价格波动范围更广泛，这在实际操作中对投机者帮助很大。大范围的波动强度，是白银投机交易更容易获利的原因。采取 1 小时的 K 线图操作期货合约，白银的盈利机会要好于黄金。

二、开仓交易信号：MACD 金叉（或者死叉）信号

MACD 指标的突破的信号，既可以是金叉，也可以是死叉信号。MACD 指标曲线的变化，反映了均线运行强度，该指标能够提供给投机者价格运行方向的信号。从持仓的角度分析，MACD 指标中的 DIF 处于 DEA 曲线以上，并且两者之间距离不断扩大，那么是多单的盈利机会。如果 DIF 运行在 DEA 曲线以下，并且两条线之间距离也在不断扩大，那么将是空单盈利的机会。

白银 1312——MACD 死叉信号，如图 3-11 所示。

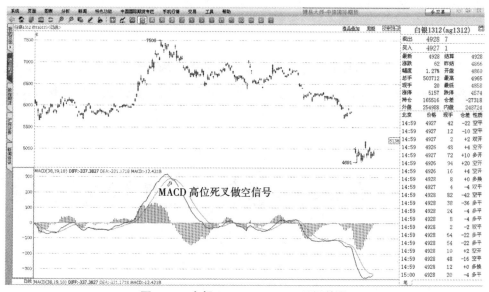

图 3-11　白银 1312——MACD 死叉信号

白银 1312 合约的日 K 线图显示，当 MACD 指标的死叉信号出现以后，最终的卖点会在很短的时间里出现。交易信号的获取，可以是 MACD 指标的死叉信

号，其他技术指标也能发出类似的操作信号。只要计算周期设置恰当，投机者就能够达到很好的操作效果。

黄金 1312——MACD 金叉信号，如图 3-12 所示。

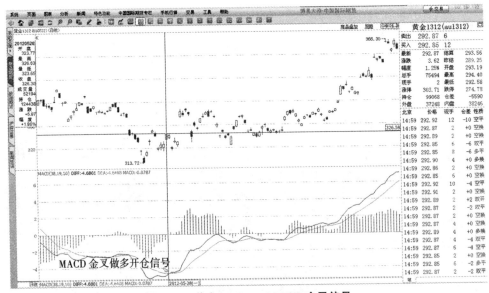

图 3-12　黄金 1312——MACD 金叉信号

黄金 1312 合约的日 K 线图显示，在 DIF 曲线还未回升至零轴线以前，该曲线就已经向上穿越了 DEA 曲线，完成了看涨的金叉信号，这也是投机者重要的盈利看点。

三、开仓数量：黄金 1 手、白银 3 手

如果以黄金每手 1000 克、320 元/克计算，一手标准的黄金期货价值在 32 万元。以 12% 的期货保证金计算，一手标准的黄金期货价格为 3.84 万元。实际上，黄金期货的交易中，并不需要投机者投入过多资金，只要资金能够满足保证金需求，并且足以抵御价格波动带来的不利影响，开仓就是可以的。

如果按照白银 500 元/克计算，一手白银期货价值在 5 万元，如果按照 12%

的保证金计算，相当于买卖一手要消耗资金 6000 元资金。即便开仓 3 手消耗资金量为 1.8 万元，相比黄金的资金量要小很多。

当然，持仓手数量并不是一定的，投机者可以根据自身需要设定。总体看来，黄金 1 手的数量是最低限度了。而白银的操作最低可以是 1 手，甚至是 3 手。白银价格较低，但是价格波动强度会高于黄金，持仓手数也应该相应修改，以适应控制风险的需要。

四、最大错误开仓次数：3 次

主动设置最大失误次数，以便在不利的情况下减少操作，避免损失被无情放大，这在实际操作中非常重要。期货价格的波动并不受投机者控制，市场决定了价格的波动方向，投机者投机效果在不同阶段有很大差别。但是从分时图价格走势看，提供有效的三次开仓机会，已经是不错的了。分时图价格波动虽然频繁，但一般都不大可能出现三次以上的操作机会。如果投机者在选择开仓机会的时候，出现了多达 3% 的错误开仓，那么接下来的操作就没有必要了。

如果真的已经出现了三次的错误开仓，期间的损失可能已经被放大。多数投机者可能并不适应连续亏损，再次开仓只能做出错误决定。分时图中的有效开仓信号并不多，急于求成地增加仓位只能带来逆反效果。鉴于此，投机操作最大开仓次数应该在三次以内。也就是说，根据黄金期货价格的分时图走势，一日最多只能进行三次操作。在有限的开仓次数中增加获利的概率，增加每次盈利的空间，同时减小损失才是正确的做法。

黄金 1312——分时图操作机会，如图 3-13 所示。

黄金 1312 合约的分时图显示，把握其中的 ABC 三个重要的操作机会，其实已经足够了。若能把握其中的一个买卖时机，投机者都能够获得不错的回报。但是，除了这三次比较理想的开仓机会，其他的买卖价位其实并不理想。也就是说，三个买卖机会中，投机者若一个都没能把握住，那么也就丧失了分时图中开仓获利的机会。

白银 1312——分时图操作机会，如图 3-14 所示。

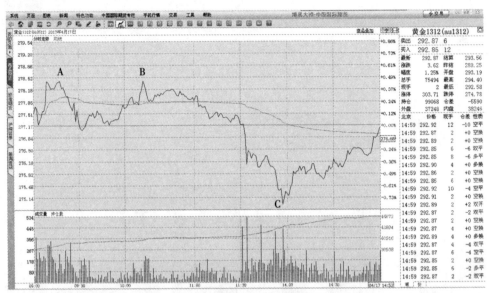

图 3-13 黄金 1312——分时图操作机会

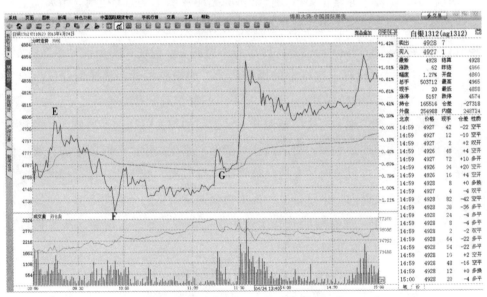

图 3-14 白银 1312——分时图操作机会

　　白银 1312 合约的分时图显示，同样也存在 E、F、G 三个买卖时机。E 位置是盘中比较好的做空位置，而接下来的 F、G 两个位置可以作为做多开仓的机会。当分时图中白银价格最终实现大幅度上涨以后，价格波动程度也就达到了巅峰，再怎么操作，投机者都不可能再次获得利润。

五、止损信号：MACD在零轴线一侧背离

从MACD指标看，有效的反转需要在背离后形成。当MACD指标背离以后，反转走势才更为可靠。如果投机者已经开仓，但是黄金价格的波动在背离中继续前行，那么投机者可能会在这个时候遭受很大损失，短线止损不失为减小损失的好办法。虽然MACD与金价的背离会最终消失，价格早晚会反转，以更大的损失下赌注，平仓止损不失为更好的办法。

金价背离的意义在于：单边运行可以持续很长时间，并且累计涨跌幅度很高。即便技术指标MACD已经开始反转，金价同样不会改变单边趋势。在背离阶段，黄金价格波动空间可能会很大。如果出现在价格高位的背离，那么金价很可能快速冲高回落，给投机者带来较大短线损失。而金价的见底之前，也可能大幅度杀跌的方式实现背离，同样会给投机者带来不小的损失。因此，针对MACD指标与价格的背离走势，投机者提前止损才是上策。

黄金1312——MACD与金价背离信号，如图3-15所示。

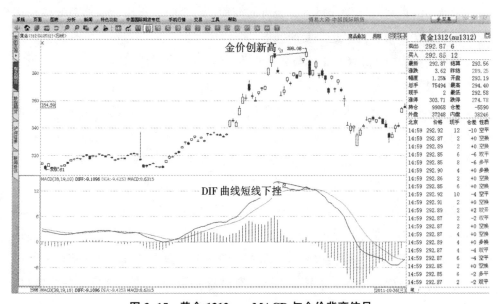

图3-15　黄金1312——MACD与金价背离信号

黄金 1312 合约冲高回落走势中，价格并非一次性地见顶回落的，而是在完成了背离的第二个高位，才开始逐步进入下跌通道。从 MACD 指标的运行情况来看，投机者能够发现背离中的操作机会并很容易把握住。价格在背离中冲高回落，投机者可以在做空的时候提前止损，以免遭受损失。虽然黄金最终会出现杀跌的情况，但是等待价格真正回落下来，而不是背离阶段做空，这样更容易短时间内获得收益。

六、止盈信号：MACD 指标在零轴遇阻

零轴线是 MACD 指标多空分割线。当 MACD 处于零轴线以下时，价格波动方向是向下的，投机者应该尽可能地做空获得利润。处于零轴以上的 MACD 指标，表明投机者做多的话能够更好地获利。价格运行在零轴线以上，是投机者做多的依据。操作上看，该指标中的 DIF 曲线从高位回落还是从底部反弹，当 DIF 达到零轴线之时，必然是投机者止盈的机会。

MACD 指标中的 DIF 曲线达到零轴线后，一般都不会一次性突破的。这样一来，随着 DIF 曲线从零轴线折返，金价的波动也会受阻，投机者根据 DIF 曲线达到零轴线的情况减仓应对是必要的操作。

在单边趋势中，MACD 指标与金价波动方向一致，当指标中的 DIF 曲线接近零轴线的时候，投机者可以短线减仓以便应对价格的回调。既然零轴线对 DIF 的影响很大，那么投机者就不得不关心这个位置的阻力。在 DIF 折返的过程中，金价波动空间难以预测。不管趋势可否延续，金价在 DIF 从零轴线折返期间，投机者都应该关注黄金的操作机会。把握金价的折返机会，投机者才能够获得利润。

黄金 1312——MACD 在零轴线见顶回落，如图 3-16 所示。

黄金 1312 合约的日 K 线图显示，价格在持续下跌的过程中，MACD 指标也在同步下挫。DIF 曲线虽然已经跌破了零轴线，但是短线还是出现了反弹的情况。当 DFI 曲线从零轴线再次回落，图中比较理想的做空位置出现了。已经跌破了零轴线的 MACD 指标，是不可能轻易突破这一阻力位的，投机者顺势做空，既适应了趋势，也抓住了最佳卖点，显然能够获得不错的回报。

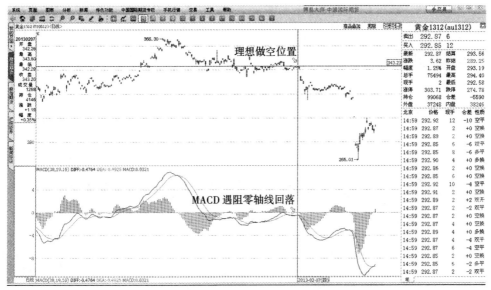

图 3-16　黄金 1312——MACD 在零轴线见顶回落

七、最大交易次数：5 次

最大交易次数是避免损失的硬性指标。如果对金价走势不确定的话，频繁开仓无异于飞蛾扑火，将会遭受很大投机损失。金价的波动本身是存在的，投机者对价格波动方向不确定，只能在错误的时间、错误的趋势上持仓，其结果也只能是遭受损失了。

确定了日内最大的交易次数，投机者更会有效把握好每一次投机机会，而不在频繁的交易中浪费资金。金价波动虽然难以捉摸，而白银的价格波动强度更大，但也是有一定规律的。一般来看，一日内的交易次数顶多也就五次。如果投机者在五次交易中都未把握好盈利机会，那么在接下来的交易中很难获利。

黄金期货每手交易费用在 40 元，而隔夜的话每手费用高达 80 元。虽然这80 元的费用相当于一手的交易额 31 万元的 2.5‰，但是持续交易的累计费用是很高的，这也是限制投机者过度买卖黄金的重要原因。黄金和白银的交易时间相同，而将交易次数设定在五次，可以有效降低投机损失。

第五章 模拟后实盘心理形成
——适应实盘投机的心理形成

一、避免主观判断价格趋势

市场总是对的，除非投机者能够准确预测价格运行趋势，否则在错误持仓的情况下，还是应该减仓应对调整走势。执着持仓的黄金投机者，有时会获得比较好的利润。相反，如果金价的波动方向与投机者开仓方向相反，就会遭受大幅度亏损。

任何期货品种的价格波动，都是在大量投机者共同买卖下完成的，而不是某一个投机者控制的，更不是投机者主观想象出来的价格走势。即便在模拟交易阶段，投机者同样要避免主观判断价格涨跌。从基本面、技术面把握价格未来走向，这样才不至于在错误的交易方向上持仓亏损。

投机者以错误的主观判断价格走向，即便短时间内没有损失，随着时间的推移，损失必然会无情地放大。与其说主观判断黄金价格走势，还不如在清仓的情况下试探性地开仓，更能获得比较好的投机效果。如果开仓后持续盈利，那么操作是正确的。开仓以后损失瞬间达到了止损位，就应该果断出局了。

黄金 1312——三次跳空的假突破，如图 3-17 所示。

黄金 1312 合约的日 K 线图中的假突破非常引人注意。价格低点虽然被第三次跌破，但是黄金还是出现了强势反弹的情况。假突破的情况在价格运行中经常出现，这也是投机者操作的重要风险。主观判断显然是不行的，针对假突破的走势，投机者应该顺应价格的波动方向，即便是止损也不能一味地做空。这样才能将损失降低到最小限度。

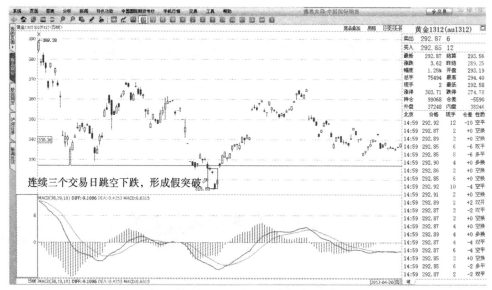

图 3-17 黄金 1312——三次跳空的假突破

二、正确认识盈亏

只要进行期货交易，投机者就不能避免亏损和盈利。买卖黄金的过程中，没有人不会出现亏损，即便亏损只是短暂的情况，这种短暂亏损的状况也不会轻易消失。

既然亏损和盈利总是伴随着期货投机的始终，那么正确看待盈利和亏损，显然是非常重要的。

在投机市场上，真正能够笑到最后的，是正确看待涨跌盈亏、理性把握操作时机，又不失操作风格的投机者。盈亏对投机者来讲虽然重要，把握住自己并且在正确的时间做出正确的操作更为重要。投机活动之所以存在较大风险，多数情况是投机者没有看清市场，没有认真研究金价变化，而自身的情绪波动又较大，这样才会遭受损失。将黄金买卖的盈亏看淡，又不放弃紧急关头止损的操作，这样才能控制风险获得利润。

第四篇

不得不知的经典指标

——短线分析利器

第一章 黄金分割线
——精确判断折返位置

一、黄金分割获得支撑——开仓做多机会

1. 上升趋势中 0.382 获得支撑

在价格触底反弹的过程中，前期价格 0.382 的分割线上，空方抛售压力是比较大的。如果价格能够持续回升的话，有效突破 0.382 的黄金分割位置必然会出现。在价格突破之前，投机者可以事先考虑做空在 0.382 附近。一般来看，这种提前做空的做法是可以获得做空回报的。毕竟，0.382 附近的阻力是比较有效的，除非价格一次性突破了该位置，那么回调黄金分割线 0.382 的时候便是做多机会。

价格持续上涨的过程中，价格突破黄金分割线 0.382 的阻力位置后，投机者可以考虑做多并且持续获得利润。价格上涨的趋势还是会延续，价格回调至 0.382 的黄金分割线是个不错的做多机会。

黄金 1312——0.382 的反弹阴线，如图 4-1 所示。

黄金 1312 合约的日 K 线图显示，金价探底回升的时候达到了 0.382 的黄金分割线以上。图中虽然是一根下跌阴线，但阴线的下影线很长，表明 0.382 的支撑还是有的。短线来看，黄金的反弹还将延续下来，这个时候做多可以继续获得收益。

黄金 1312——黄金价格短线走强，如图 4-2 所示。

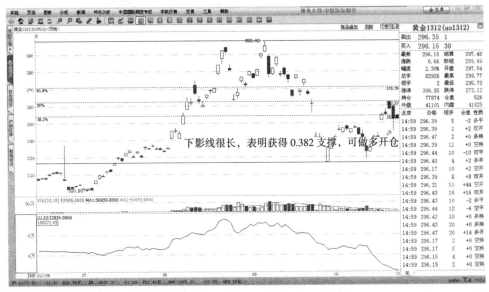

图 4-1　黄金 1312——0.382 的反弹阴线

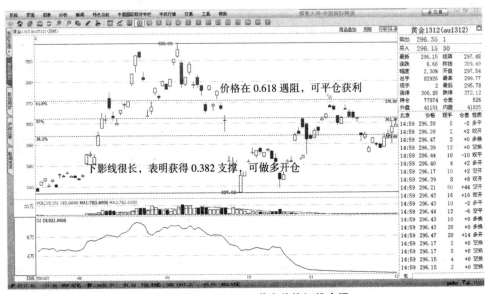

图 4-2　黄金 1312——黄金价格短线走强

　　黄金反弹强度不高，但在价格上涨的过程中，已经从 0.382 的黄金分割位回升到 0.618 附近。这样看来，前期一根支撑阴线还是起到了支撑效果，随后，价格果然出现了小幅度回升。

　　现货白银 9097——银价回调 0.382 的分割线，如图 4-3 所示。

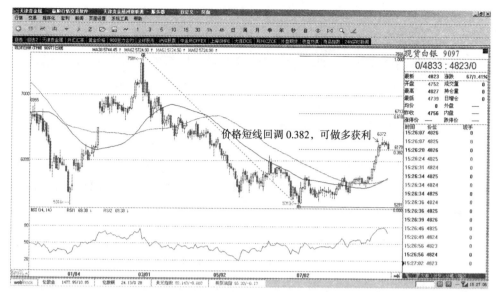

图4-3　现货白银9097——银价回调0.382的分割线

现货白银9097的反弹还是很强的，连续多根回升阳线形成以后，白银价格已经达到了重要的0.382的黄金分割线上。从0.382的黄金分割线开始，价格出现了短线调整。金价下跌幅度并不是很高，但是短线横盘有助于蓄势拉升。阴线回落并且达到了0.382附近，显然是不错的做多机会。

现货白银9097——银价强势回升，如图4-4所示。

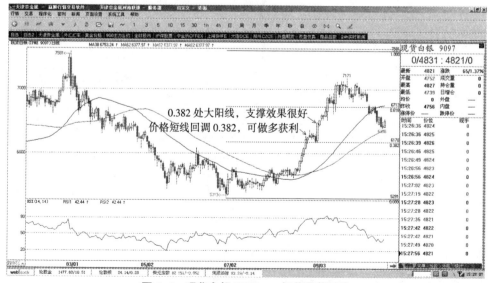

图4-4　现货白银9097——银价强势回升

现货白银 9097 价格调整时间短至 4 个交易日，而 4 个交易日后价格出现了强势反弹，并且完成了飙升的大阳线。可见图中价格飙升空间之大，是难以想象的。白银价格回调到 0.382 的时候，显然是不错的做多机会。接下来银价继续走强，显示出价格回升得到延续，投机者若能及时做多可获得不错的回报。

2. 上升趋势中 0.5 获得支撑

在价格上涨的过程中，0.5 的黄金分割线是理想的回调位置。价格上涨幅度达到前期跌幅的 50% 的时候，很容易遭到做空投机者的打压。历史的走势一再显示，0.5 的黄金分割线的调整概率是非常高的。该分割线不同于 0.382 和 0.618 的黄金分割线，是介于这两者之间的有效分割位置。

从投机者操作心理角度分析，价格上涨幅度达到前期跌幅的一半的时候，也是投机者考虑兑现利润的时刻。如果价格真的在 0.5 的黄金分割线上出现调整，那么自然是大势所趋，这符合多数投机者的操作心理。

一旦价格企稳在 0.5 的黄金分割线上，那么价格进一步大涨概率很高。从期货价格的一般走势来看，价格如果企稳在 0.5 的黄金分割线，那么继续调整 0.618 的黄金分割线就比较容易实现了。操作上看来，在价格稳定在 0.618 的时候做多是个不错的选择。

黄金 1312——0.5 附近的 V 形反弹，如图 4-5 所示。

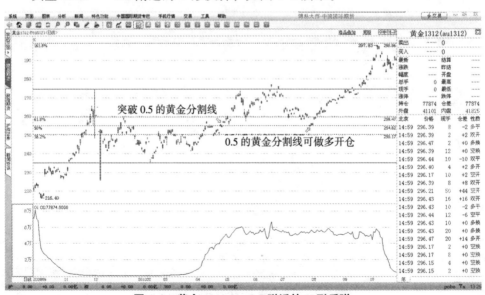

图 4-5　黄金 1312——0.5 附近的 V 形反弹

黄金 1312 合约在反弹过程中向下调整，终于获得图中 0.5 的黄金分割线重要支撑开始走强。图中清晰地显示出，金价在 0.5 的黄金分割线上完成了 V 形反转形态。价格虽然短线跳空回落，但逆向的跳空构成了重要的做多开仓机会。事实上，黄金价格稳步回升的大趋势中，投机者的确可以获得不错的利润。0.5 的黄金分割线已经成为获利的起始点。

现货白银 9097——一次性突破 0.5 的大阳线，如图 4-6 所示。

图 4-6　现货白银 9097——一次性突破 0.5 的大阳线

现货白银 9097 价格在 0.382~0.618 形成了飙升的大阳线。银价上涨空间很大，0.382 与 0.618 之间的阻力不复存在。突破意义的大阳线形成以后，0.5 的黄金分割线的阻力瞬间被突破，价格上涨潜力很大。

3. 上升趋势中 0.618 获得支撑

0.618 的黄金分割线附近，价格会明显地出现回调的走势。刚刚顺利突破 0.5 的黄金分割线，期货价格的上升还需要获得 0.618 的黄金分割线的支撑。在期货价格上涨的时候，0.618 的黄金分割线，一般可以作为价格持续回升的重要起始点位。如果价格能够不断震荡上行，那么 0.618 的黄金分割线则可提供重要支撑。

如果价格的上涨是比较大的多头趋势，而不仅仅是反弹行情，那么价格企稳在 0.618 的黄金分割线以上，并且延续这种上行的趋势是必然的选择。0.618 作为突破 0.5 以后的重要支撑位置，一般会是价格企稳后投机者重要的做多机会。价格上涨情况在长期得到延续，投机者持续做多便可获得不错的回报。

黄金 1312——金价获得 0.618 强支撑反弹，如图 4-7 所示。

图 4-7 黄金 1312——金价获得 0.618 强支撑反弹

黄金 1312 合约的日 K 线图中显示，黄金价格的反弹已经很明了了。从价格获得 0.382 支撑以后，金价相继在 0.5 和 0.618 的黄金分割线上获得支撑，表明金价的反弹将得到延续。当黄金价格获得 0.618 的有效支撑后，投机者做多可获得不错利润。

黄金 1312——做多之后明确获利，如图 4-8 所示。

当黄金价格继续获得 0.618 的支撑以后，金价强势跳空上涨，并且成功企稳在前期金价高位。跳空的走势显示多方主动拉升决心很大，投机者如果在金价从 0.618 的黄金分割线反弹之时开仓买入黄金，短线获得利润很丰厚。有了这两次连续跳空，价格自然能不断回升。

美白银 07——0.618 以上的横盘形态如图 4-9 所示。

美白银 07 价格已经处于 0.618 的黄金分割线以上长达 3 个月。3 个月当中，价格基本处于横向波动。考虑到黄金分割线 0.618 的支撑很强，投机者顺势做多

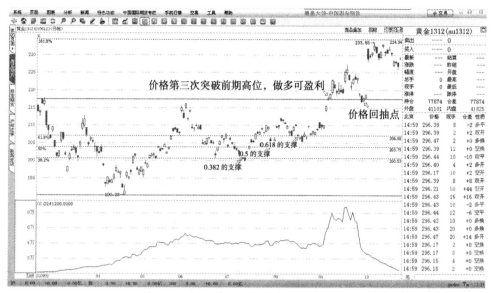

图 4-8　黄金 1312——做多之后明确获利

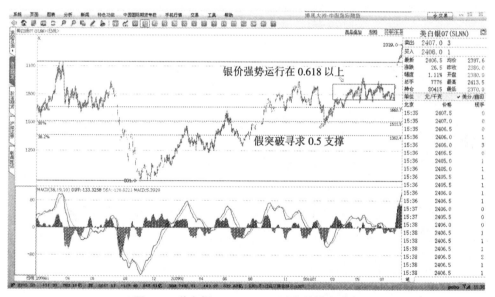

图 4-9　美白银 07——0.618 以上的横盘形态

的获利潜能很高。一般来看，白银价格的历史高位不同于形成突破，银价围绕 0.618 的支撑线横向运行，体现出 0.618 的支撑效果，也是投机者做多获利的信号。

当白银向上跳空回升以后，真正获利点就瞬间形成。长达 3 个月的横盘足够投机者开仓。银价向上突破之时，便是投机者获利之日。

美白银 07——做多可获利，如图 4-10 所示。

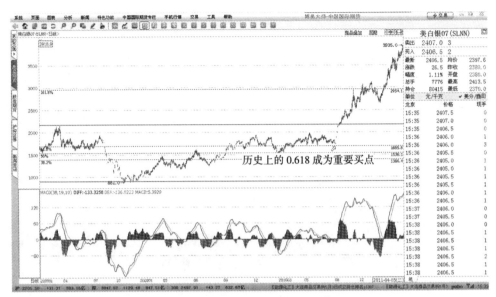

图 4-10　美白银 07——做多可获利

美白银 07 的日 K 线显示，银价不仅向上跳空上涨，突破了历史高位，而且在接下来的时间里加速回升，呈现出一片大好的形势。可见，白银前期处于 0.618 的黄金分割线上横向整理，提供给投机者非常理想的做多机会。银价大幅度攀升的起始点，确实就处于 0.618 附近。

二、黄金分割遇到阻力——开仓做空机会

1. 下降趋势中突破 0.382

在价格回落的过程中，黄金分割线的 0.382 的支撑效果很强。如果价格并未真正见顶并且进入到主要空头趋势，那么 0.382 的黄金分割线足以支撑价格。当价格杀跌至 0.382 的黄金分割线以后，反弹走势会马上出现。作为支撑位置，0.382 的黄金分割线也可能是重要的反转起点，当然也是做多机会。

但是，价格如果被认为已经成功见顶，并且价格下跌的趋势势不可挡，那么0.382 的黄金分割线上很可能出现快速突破的情况。一旦这种突破成为现实，那么投机者可以将 0.382 的黄金分割线看作做空的重要位置。价格从黄金分割线的0.382 位置加速下挫，将是投机者做空盈利的重要起点。

黄金 1312——跳空跌破 0.382 的十字星，如图 4-11 所示。

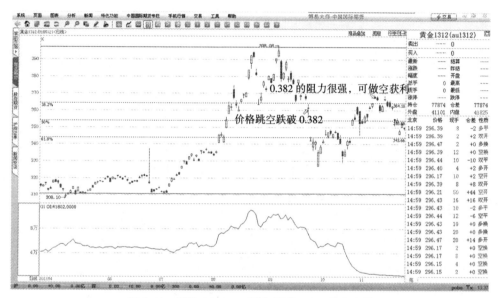

图 4-11　黄金 1312——跳空跌破 0.382 的十字星

黄金 1312 合约的日 K 线图显示，金价已经在十字星出现之时跌破了 0.382的黄金分割线。如果这一下挫是成功的，那么接下来的金价反弹便是不错的做空信号。即便金价的反弹强度很大，但依然不能跟前期的杀跌相提并论。金价反弹到 0.382 以上并没有维持这个价格高位，而是以跳空回落结束。可见，图中金价反弹高位已经是不错的卖点。

黄金 1312——反弹遇阻可做空获利，如图 4-12 所示。

黄金 1312 合约的日 K 线图显示，从 0.382 的黄金分割线开始，金价跳空下跌在加速出现。在不足 2 个月的时间里，金价从 360 元/克大幅度回落至 320元/克，跌幅更是高达 11%以上。可见，作为下跌趋势中的金价反弹，0.382 无疑提供了不错的做空机会。随着价格的持续回落，投机者若能即时做空可获得丰厚利润。

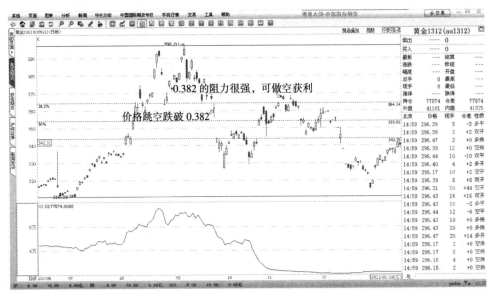

图4-12 黄金1312——反弹遇阻可做空获利

现货白银9097——调整中跌破0.382的卖点，如图4-13所示。

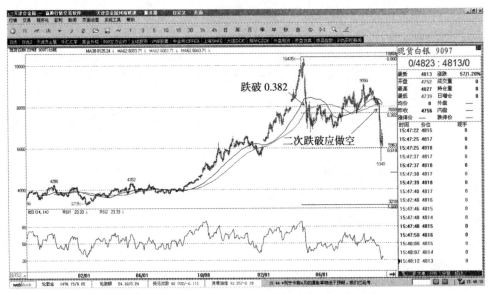

图4-13 现货白银9097——调整中跌破0.382的卖点

现货白银9097冲高回落以后，短线跌破了0.382的黄金分割线。白银大幅度杀跌以后，开始逐步回升调整。即便如此，从形态上看银价已经不可能向上突破。白银第二次跌破 0.382 的黄金分割线效率很高，价格形成了大阴线的情况。如果在白银的这种下跌中做空，投机者短时间获利必然在 10% 以上。考虑到杠杆的存在，以及白银价格杀跌的力度空前高，将资金翻倍都是很容易实现的。

现货白银 9097——0.382 成为重要阻力位，如图 4-14 所示。

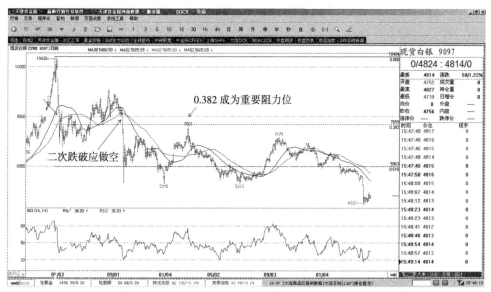

图 4-14　现货白银 9097——0.382 成为重要阻力位

现货白银 9097 大幅度杀跌以后，银价的反弹基本没有碰触到 0.382 的黄金分割线，白银价格就开始进一步地下挫。白银从高位杀跌以后，价格反弹过程中完成了尖锐的顶部形态。一般来看，只有阻力很大的位置才会出现这种反转形态，而 0.382 的黄金分割线无疑是这样的位置。

2. 下降趋势中突破 0.5

下跌趋势中 0.5 的黄金分割线，支撑效果会非常理想。一般来看，比较小的调整走势，价格只要回落至 0.382 的黄金分割线，就能够获得有效的支撑，从而出现反弹的情况。但是，如果期货价格上涨空间过大，并且需要深度回调才能达到调整的目标，那么 0.5 的黄金分割位是不可能忽视的分割线。

0.5 的黄金分割线支撑效果虽然比较好，但是价格调整以后也可以瞬间有效突破。当价格跌破 0.5 的黄金分割线，将是投机者做空获利的重要看点。投机者可以在黄金价格下跌至 0.5 的时候寻找到恰当的做空机会。从 0.5 的黄金分割线到 0.618 的黄金分割线，价格的下跌空间很大。投机者把握做空机会便能够获得利润。

黄金 1312——跳空跌破 0.5 可做空获利，如图 4-15 所示。

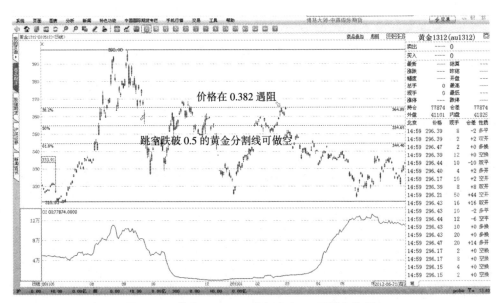

图 4-15　黄金 1312——跳空跌破 0.5 可做空获利

黄金 1312 合约在反弹过程中强势回升，并且达到了黄金分割线的 0.618 附近。即便如此，价格的继续上涨依然不能延续。金价从 0.618 回落下来，以跳空下跌的方式跌破了 0.5 的黄金分割线，可看作是理想的做空信号。随着价格的回落，0.5 的黄金分割线显然已经成为重要高位。

现货白银 9097——大阴线跌破 0.5 的黄金分割线，如图 4-16 所示。

现货白银 9097 的大幅度杀跌，价格已经快速跌破 0.5 的黄金分割线。从白银的下跌来看，银价几乎不可能短线出现较大反弹。大幅杀跌以后，白银还是会延续弱势下跌的走势。如果银价能够反弹至 0.5 的黄金分割线的话，那将是投机者的开仓机会。

现货白银 9097——多次反弹无果而终，如图 4-17 所示。

白银价格在 0.5 的黄金分割线以下出现图中 B、C、D 三次有效反弹，但都没有顺利企稳在 0.5 的黄金分割线上。可见，跌破 0.5 的黄金分割线的走势非常有

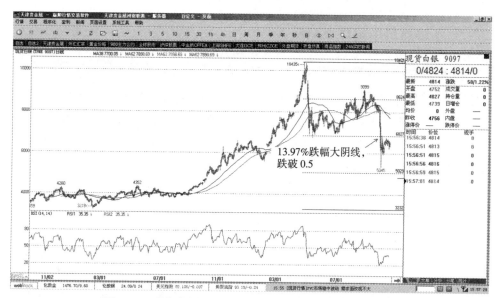

图 4-16 现货白银 9097——大阴线跌破 0.5 的黄金分割线

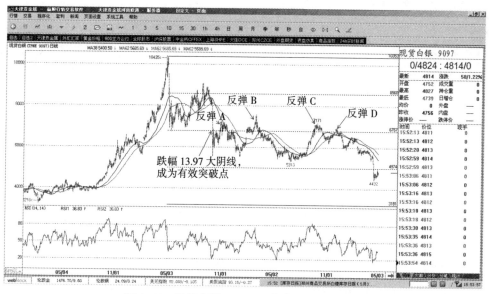

图 4-17 现货白银 9097——多次反弹无果而终

效，价格出现了弱势中的不断下挫。在这种情况下，即便白银并未持续走弱，投机者可以把握价格反弹至 0.5 的黄金分割线的反弹高位做空机会，依然可以获得不错的回报。

3. 下降趋势中突破 0.618

在价格持续回落的过程中，0.618 的黄金分割线可以说是最后的支撑位置了。如果价格没有遇到较大的事件冲击，那么价格的跌幅不会轻易达到 0.618 的黄金分割线的。历史上的重要反弹位置，可以是 0.618 的黄金分割线对应的价位。价格从 0.618 的黄金分割线上反弹容易突破却很难。不过随着时间的推移，如果价格继续走弱的话，0.618 的黄金分割线的支撑效果会逐渐消失，价格跌破 0.618 的黄金分割线便是做空信号。

黄金 1312——0.618 的支撑逐步消失，如图 4-18 所示。

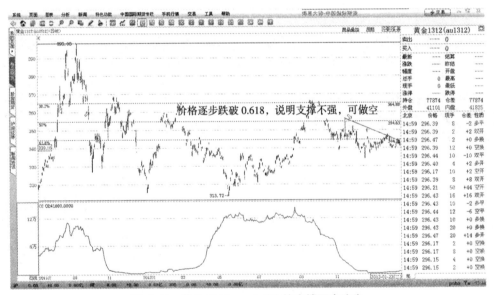

图 4-18　黄金 1312——0.618 的支撑逐步消失

黄金 1312 合约的日 K 线图显示，价格在阶段性回落的时候，0.618 的支撑效果并不理想。黄金价格弱势当中维持在 0.618 的黄金分割线以下运行，显示出下跌趋势已经形成。至于黄金何时会出现杀跌的情况，这取决于金价在之后的表现了。实际上，黄金期货合约运行在 0.618 以上的概率很低，倒是价格出现下跌的情况很容易形成。弱势横盘时间过程，金价必然会大幅度下挫。由此可见，在金价还未大幅度脱离 0.618 的黄金分割线以前，投机者做空是不错的选择。

黄金 1312——跳空大阴线形成，如图 4-19 所示。

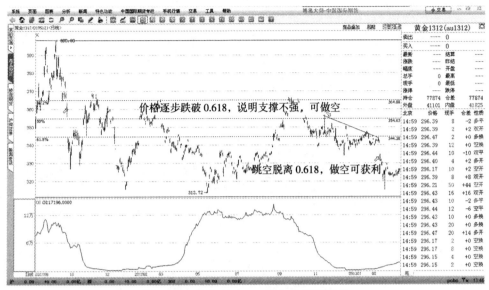

图4-19　黄金1312——跳空大阴线形成

黄金1312合约的下跌很突然，图中金价跳空回落的情况出现以后，看涨投机者短时间损失惨重，而利用黄金价格弱势整理的机会做空自然能获得不错的回报。金价瞬间倾泻，累计下跌空间至少在6%以上，做空的投机者由此能获得高达60%（计算杠杆在内）的回报。

黄金1312——金价跳空跌破前期低点，如图4-20所示。

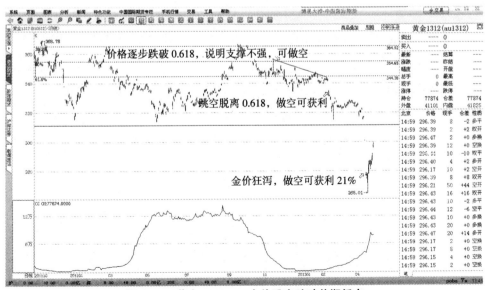

图4-20　黄金1312——金价跳空跌破前期低点

黄金 1312 合约的下跌还没有真正结束，图中金价大幅度杀跌的过程中，跳空下跌的幅度分别高达-2.34%、-1.89%、-5%和-7.69%。从突破的角度分析，这种跳空下跌的情况表明空头趋势已经势不可挡。黄金价格杀跌走势将会持续下来，操作上投机者死守空单必然大获全胜。

现货白银 9097——银价四次挑战 0.618 支撑，如图 4-21 所示。

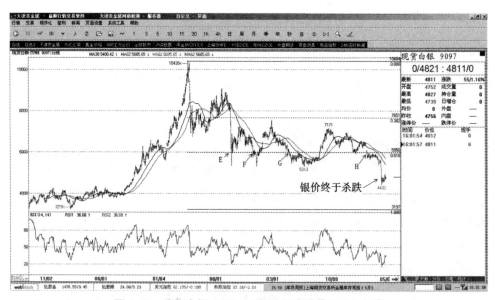

图 4-21　现货白银 9097——银价四次挑战 0.618 支撑

现货白银 9097 在高位见顶以后，价格逐步在下跌趋势中走弱。虽然黄金分割线 0.618 处的支撑明显，但是白银反弹高度有限。图中 E、F、G、H 四个位置分别出现了跌破 0.618 的黄金分割线的情况，说明价格的下挫无疑成为现实。在白银反弹无力的情况下，银价最终出现了较大的跌幅。0.618 的黄金分割线被连续四次挑战以后，投机者把握好做空时机便能够获得不错的利润。

第二章　持仓量
——提示多空实力变化

一、多头反转中的持仓量 OI 线变化

作为白银价格单边趋势重要的支撑因素，持仓量的大小是投机者最不能忽视的一个问题。实际上，不管是白银价格的持续回升走势还是快速杀跌行情，都离不开做多或者做空持仓的投机者。只要做多的投机者资金足够强大，并且持有多单数量能够持续放大，那么价格的回升就有保证。投机者在持仓量回升而白银价格同步上行的趋势中持有多单，更容易获得利润。

多头趋势中，白银价格下跌的唯一因素，是持有多单数量的快速萎缩。或者说，白银价格的上涨趋势会在多单数量疯狂膨胀后出现萎缩情况。这个时候，将是投机者的重要做空时机。多单数量萎缩的原因可能是多头主力获利回吐，也可能是因为操作方向转变，促使做多投机者转变为空单。不管怎样，多头趋势中持仓数量大幅下挫而白银价格同步冲高回落，将是多头趋势向空头趋势转变的重要信号。投机者如果不顾持仓回落的重要反转信号仍旧持有多单，必定遭受空前高的损失。

黄金 1312——金价首次冲高，OI 便开始回落，如图 4-22 所示。

黄金价格震荡上行，当金价突破前期高位的时候，持仓指标 OI 却开始高位回落，表明多方买入资金已经不能持续增加。这种情况下，黄金价格连续出现了图中显示的缺口 1、缺口 2 和缺口 3，显然是多方力量竭尽的信号。如果不是向上跳空缺口的出现，黄金价格也不会很快回落。在持仓回落的情况下出现跳空缺口，表明不是多方主力拉升价格，投机者考虑在第三个缺口出现后做空是个不错

的做法。

图4-22 黄金1312——金价首次冲高，OI便开始回落

黄金1312——金价杀跌，几乎一半的持仓消失，如图4-23所示。

图4-23 黄金1312——金价杀跌，几乎一半的持仓消失

黄金在价格高位完成了双顶反转形态。从双顶开始，金价跳空下跌并且加速回落。从图中黄金价格的走势来看，金价的下挫已经是意料当中的事情。持仓量回落、价格上的双顶形态以及跳空下跌的走势，无疑不是做空信号。即便黄金价格已经首次跳空下跌，投机者依然能够做空并且获得利润。

黄金 1312——持仓 OI 与金价背离卖点，如图 4-24 所示。

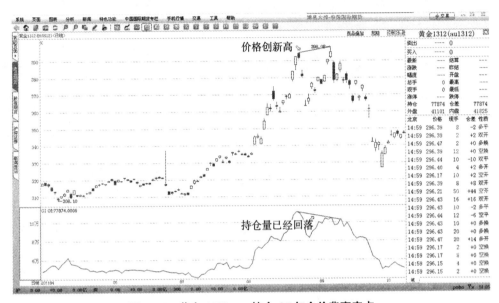

图 4-24　黄金 1312——持仓 OI 与金价背离卖点

黄金 1312 合约的日 K 线图显示，金价的下跌已经在日 K 线中形成，价格的回落成为必然的趋势。从黄金价格表现来看，双顶形态的出现以及持仓量指标 OI 的高位回落，都为投机者提供了做空的机会。事实上，黄金的大幅度杀跌已经不可逆转，而持仓与价格高位背离的情况便是价格下跌的信号了。

白银 1312——持仓 OI 与银价背离卖点，如图 4-25 所示。

白银 1312 合约在冲高失败的情况下出现了下跌情况。图中银价两次向上跳空以后，持仓量 OI 已经从高位回落，显示出银价的上涨是不能持续的。持仓量指标 OI 并未回升，而银价短线跳空后震荡下行。说明正好是做空的重要时机。投机者可以在持仓量 OI 冲高回落之时不断增加做空资金。一旦银价高位回落，投机者将因此获得不错的回报。

白银 1312——银价逐步回落，如图 4-26 所示。

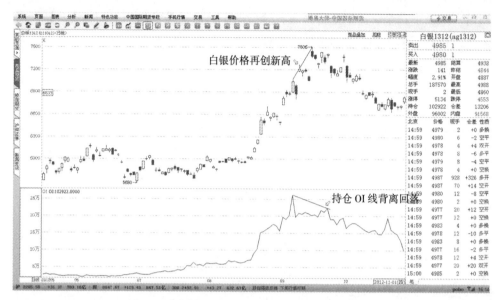

图 4-25　白银 1312——持仓 OI 与银价背离卖点

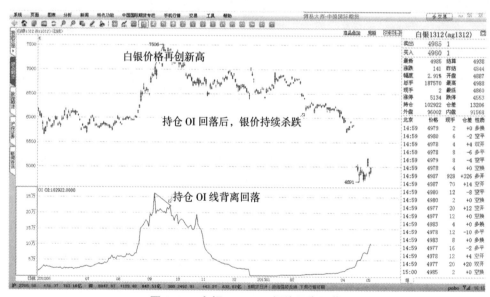

图 4-26　白银 1312——银价逐步回落

　　白银的回落并不是短线行为，而是在持仓量 OI 指标高位下跌的情况下，白银价格出现了长时间的回落。投机者在价格高位可以选择的做空机会很多，即便是在白银价格已经出现回落的情况下，依然有机会开仓做空。白银价格加速回落的时候，做空投机者能够获得较高的回报。

二、空头反转中的持仓量 OI 线变化

在空头趋势中，持仓量指标 OI 持续放大而白银价格下跌不止，表明做空能量有加强的趋势。白银价格会在空单数量增加的过程中继续下跌，直到空单数量获利后大笔平仓，并且多单相对于空单明显上升之时，才是期货价格转变运行趋势的信号。

一般情况下，从空头趋势中白银价格和持仓量 OI 的相对走势看，持仓量 OI 继续回落，说明白银价格跌势不会停止。一旦短时间内 OI 快速冲高回落，而白银价格探底回升的情况出现，说明做空投资者短线获利丰厚，已经兑现了部分做空收益，导致空单数量出现萎缩情况。空单数量萎缩后，OI 指标会短时间内回落下来，这个时候将是白银价格探底回升的机会。

事实上，在空头趋势中出现的 OI 指标短线萎缩，即便白银价格在这个时候开始反弹，反弹高度也不会很大。因为，考虑到白银价格的持续上涨是需要持仓量 OI 曲线回升来支撑的。而 OI 曲线有没有持续有效放大，表明做多投资者只是少数小资金而已。多方主力没有大幅度增加多单的前提下，反弹以后白银价格还是会出现冲高回落走势。

黄金 1312——OI 未变的下跌趋势，如图 4-27 所示。

黄金 1312 合约的日 K 线图显示，价格在下跌过程中不断调整，总体运行趋势还未走出空头趋势。从持仓量 OI 曲线的变化来看，黄金价格的下跌是可以持续的。持仓未变，表明多空中的一方并未大幅度平仓，显然是趋势延续的信号。

黄金 1312——OI 大增的金价杀跌情况，如图 4-28 所示。

黄金 1312 合约的日 K 线图中出现强势杀跌情景。图中黄金价格深度回落的时候，持仓量已经明显回升。从图中来看，当持仓 OI 回升至前期高位以上，投机者便可以判断价格的反弹已经形成。持仓 OI 回升至高位的时候，是空头加仓的结果。如果 OI 瞬间下挫，表明空方已经快速兑现利润，那么多方实力相对增强必然推高黄金价格，这也是投机者做多的机会。

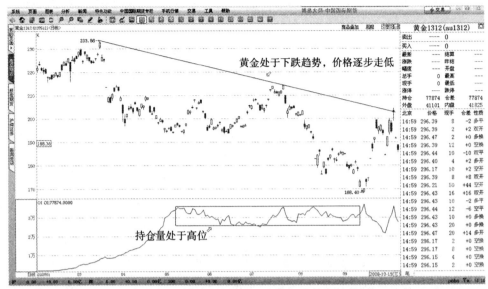

图 4-27　黄金 1312——OI 未变的下跌趋势

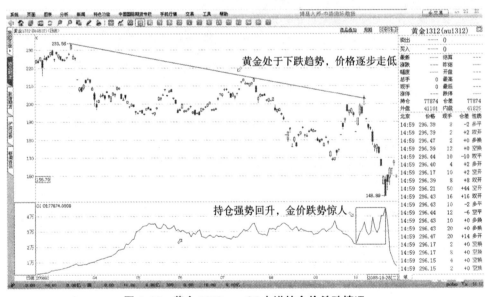

图 4-28　黄金 1312——OI 大增的金价杀跌情况

　　黄金 1312——持仓杀跌可做多，如图 4-29 所示。

　　黄金 1312 合约的日 K 线图显示，金价的反弹无疑是非常强劲的。从持仓指标 OI 上看，该指标高位杀跌正是黄金价格良好表现的前提。如果持仓并未短时间快速萎缩，那么做空实力不减的情况下，金价显然不会出现较大拉升。持仓几乎在瞬间倾泻下来，说明多方实力相对增强，金价反转成为重要看点。

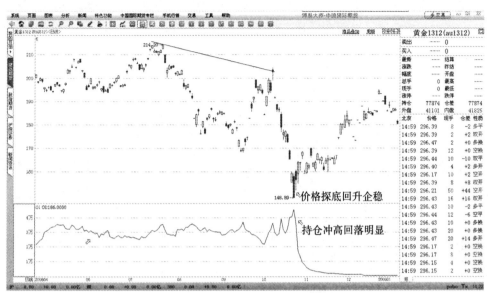

价格探底回升企稳

持仓冲高回落明显

图4-29 黄金1312——持仓杀跌可做多

美白银03——价格回落持仓未变，如图4-30所示。

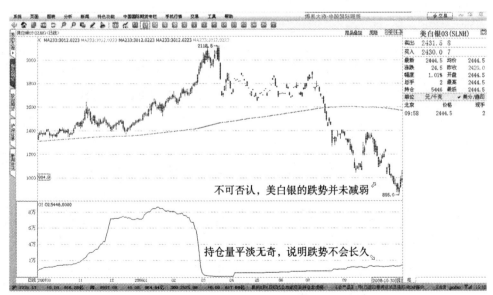

不可否认，美白银的跌势并未减弱

持仓量平淡无奇，说明跌势不会长久

图4-30 美白银03——价格回落持仓未变

美白银 03 合约日 K 线图中，银价大幅度杀跌的时候，投机者能够做空获利。考虑持仓量变化不大，价格的下跌恐怕难以为继。多方在关注白银走势的时候，可以适当增加多单，以便在反弹之时获利。毕竟，持仓维持在低位运行，表明主力还未介入。如果持仓量能短线快速回升而价格反弹，那么将是做多盈利的机会。

美白银 03——价格企稳持仓飙升可做多，如图 4-31 所示。

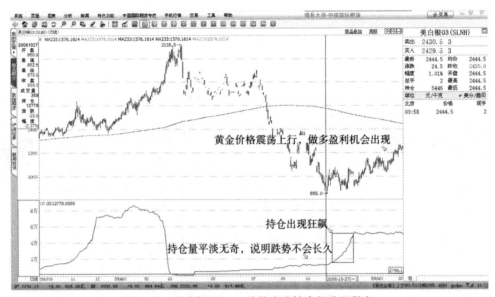

图 4-31　美白银 03——价格企稳持仓飙升可做多

美白银 03 合约的日 K 线图出现明显反弹，而持仓量 OI 短时间内迅速飙升，可以判断多方已经在这个时候强势介入了。接下来白银价格震荡上行，而投机者可以在持仓回升的过程中增加多单，获利潜力很大。

美白银 03——持仓回升银价弱势整理，如图 4-32 所示。

美白银 03 合约在重要的均线以下运行的时候，持仓量 OI 曲线已经回升至 6 万手附近的高位，这与历史上的 8 万手相差不多。考虑到价格依然处于压力线以下，白银短线恐怕难以出现较大回升。

美白银 03——持仓横向运行，投机者可以谨慎做多，如图 4-33 所示。

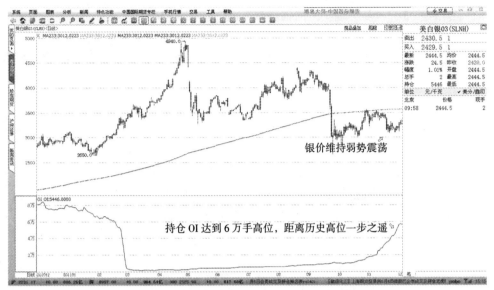

图 4-32　美白银 03——持仓回升银价弱势整理

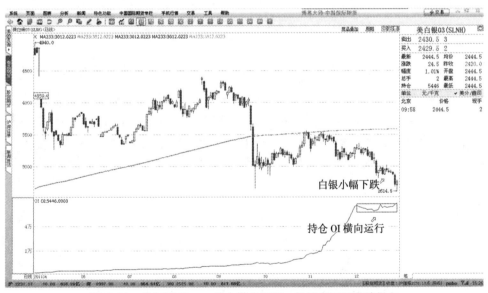

图 4-33　美白银 03——持仓横向运行，投机者可以谨慎做多

美白银 03 合约震荡走弱的过程中，持仓 OI 曲线已经在高位横向运行，并没有出现明显增加，表明空方已经做空，而且已经非常谨慎。从另一个方面考虑，持仓见顶只可能是反转的信号。一旦价格加速反弹，空方快速止盈的过程中，OI 回落而价格上涨的格局就会形成。

美白银 03——多空减仓，白银反弹上涨，如图 4-34 所示。

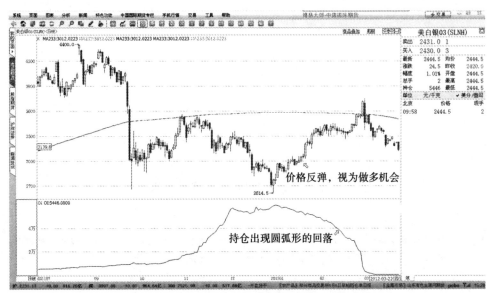

图 4-34 美白银 03——多空减仓，白银反弹上涨

　　美白银 03 合约的日 K 线图表明，OI 曲线与白银价格的走势形成了背离情况，这应该说是在空方兑现利润的过程中实现的。持仓回落表明做空投机者获利了结，而多方力量相对增强的时候，银价自然震荡回升。这个时候，虽然不是多方主动拉升，更有可能是空方止盈的技术性反弹，但投机者依然能够做多获利。

第三章 RSI
——发出短期买卖信号

一、RSI 指标的有效计算周期

震荡指标 RSI 是白银乃至期货投机交易中非常重要的短线买卖指标。该指标在波动过程中提供了重要参考价位，是投资者不得不关注的买卖机会。RSI 指标在实战中用途广泛，实战效果良好，是投机者不错的短线工具。在使用 RSI 指标挖掘买卖时机的时候，首先应该设置好指标计算周期。只有适合于自己使用的 RSI 指标，才是理想的指标。

不同计算周期的 RSI 指标，发出的买卖信号有很大差别。同样的价位附近，计算周期短的 RSI 指标波动幅度较大，能够发出非常明确的操作信号，但也容易出现假的信号。操作上，投资者可以根据前期白银价格与 RSI 指标的相互关系，来判断理想的操作机会。

一般来看，恰当计算的 RSI 指标，提供的买卖机会是比较有效果的。在 RSI 指标突破 50 线的时候，买卖方向会出现逆转。而 RSI 指标达到 80 线以上或者 20 线以下的时候，对应的做空或者买涨机会就会出现。当投机者设置好 RSI 指标以后，在近期白银价格走势中得到验证的 RSI 指标，会提供不错的操作信号。

一般来看，经过检验的 RSI 指标当中，计算周期为 6 日、12 日和 14 日的指标，能够发出理想的操作信号，投机者可以据此来设置指标，以便抓住短线稍纵即逝的操作机会。

计算周期为 6 日的 RSI 指标，提供的操作信号非常多，出现错误的买卖信号是常有的事情。而计算周期为 14 日的 RSI 指标，却能够过滤掉很多不必要的假突破信号。RSI（14）一旦发出买涨信号，必将成为投资者理想的做多机会。

黄金 1312——14 日 RSI 对应的金价，如图 4-35 所示。

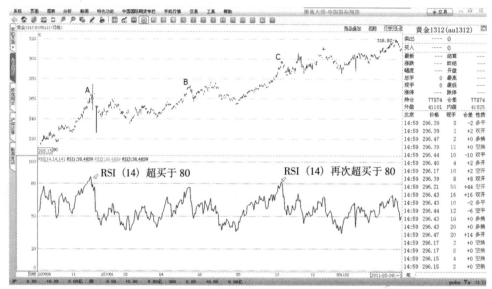

图 4-35　黄金 1312——14 日 RSI 对应的金价

黄金 1312 合约的日 K 线图中，价格震荡上行的过程中，RSI 指标与金价的波动关联性很大。当 RSI 进入超买位置以后，黄金价格短线见顶，投机者的做空机会出现。图中显示，14 日的 RSI 指标曾经出现了图中两次超买的情况，相应的黄金价格在 A、C 两个位置上短线见顶回落。而金价在图中 B 位置同样短线见顶回落的时候，虽然 RSI 指标并未达到超买区域，但是该指标短线冲高回落，同样提供了对应的做空机会，也是投机者盈利的重要时机。

二、RSI（14）突破零轴线的开仓机会

从 RSI 指标来看，判断短线买卖机会可以从该指标相对于 50 线的位置来看。在计算周期为 14 日的 RSI 指标最终突破 50 线的时候，是投机者买卖白银的重要

时机。RSI 指标从 50 线一侧运行到另一侧，说明白银价格的波动方向已经开始转变。从操作上看，可以适当把握这个时刻的操作机会，适度加仓便可获得不错的利润。

不管怎样，RSI（14）发出的买卖信号，对实战买卖白银的指导作用是非常强的。特别是 RSI 指标在 50 线一侧频繁波动的过程中，一旦有效突破，那将是非常理想的操作机会。

在多头趋势中，RSI（14）跌破 50 线的卖点通常是短期的做空机会。而一旦 RSI（14）指标重新反弹至 50 线以上，多方可以继续加仓获得做多利润。而空头趋势中 RSI（14）反弹向上突破 50 线，是短线做多机会。当 RSI（14）重新回落下来以后，将是投机者继续做空的机会。

单边上升的多头趋势中，RSI（14）跌破 50 线只是短线行为，长期的买涨才是投机者获利的根本。单边下跌的空头趋势中，RSI（14）上升突破 50 线是短线行为，RSI 在 50 线以下才是正常现象。投资者在更长的时间里应该是持有空单的，这样才能获得更好的利润。

黄金 1312——14 日 RSI 突破零轴做多时机，如图 4-36 所示。

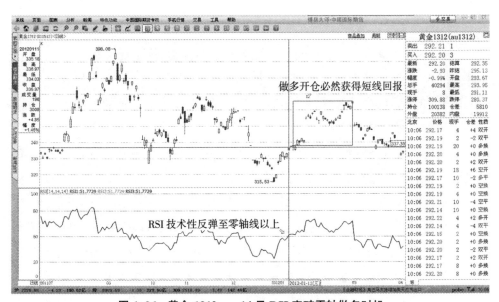

图 4-36　黄金 1312——14 日 RSI 突破零轴做多时机

黄金 1312 合约的日 K 线图中，当 RSI 顺利突破 50 线之时，投机者短线操作便可买入黄金获利。RSI 指标的 50 线是多空分界线，也是投机者考虑买卖的重要机会。如果金价的反弹强度很大，那么 RSI 突破 50 线便是可靠的做多信号。黄金价格反弹上涨的时候，金价出现了向上的跳空走势。这表明，RSI 指标突破 50 线的做多信号可靠，投机者买入便能获得不错的回报。

黄金 1312——14 日 RSI 跌破零轴做空时机，如图 4-37 所示。

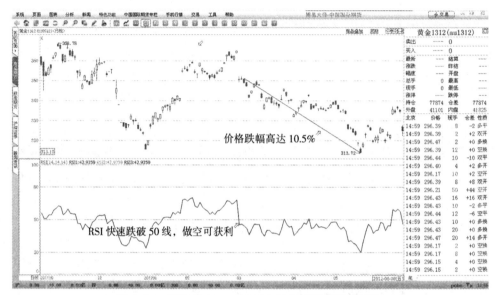

图 4-37　黄金 1312——14 日 RSI 跌破零轴做空时机

黄金 1312 合约的日 K 线图中，随着反弹的结束，RSI 指标随即跌至 50 线以下，成为投机者做空的信号。如果从黄金价格的表现看，价格在 RSI 跌破 50 线的时候出现了跳空下跌情况，表明反弹已经结束。在金价还未大幅度下挫之前，投机者可以顺势增加卖单以便获得利润。

现货白银 9097——14 日 RSI 弱势回落做空时机，如图 4-38 所示。

现货白银 9097 的日 K 线图表明，白银价格的下跌已成定局。当银价高位下挫并且横向运行的时候，RSI 指标也回升到 50 线以上，但这并不表明价格就会随之走强。相反，在跌势未改的情况下，RSI 弱势跌破 50 线提供了做空的机会。RSI 指标的 50 线支撑效果并不理想。图中 RSI 指标跌至 50 线以下，白银随之下跌的空间很大。

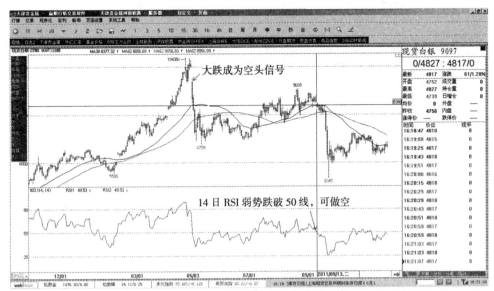

图 4-38　现货白银 9097——14 日 RSI 弱势回落做空时机

三、RSI（14）反转形态开仓机会

只要白银价格短线持续波动幅度过大，持续时间过长，那么 RSI（14）的反转形态机会就会缓慢形成。不管 RSI 指标的反转形态的买卖效果如何，投机者一旦发现这一形态，必须提前做好操作准备，以便减小价格反转带来的损失。

事实上，计算周期为 14 日的 RSI 指标，如果回升至 80 线以上的超卖区域，那么指标回调和白银价格回落的走势会很容易出现。同样的事情也发生在 RSI 指标回落至 20 线以下的超买区域后，白银价格和 RSI 指标在这个时候都有反弹的需求。

14 日的 RSI 指标一旦出现超买、超卖信号，相应的反转走势会轻松实现。根据 RSI 指标的反转形态，投机者能够轻松掌握期间的操作机会。鉴于 14 日的 RSI 指标超买和超卖信号非常有效，发出超买、超卖信号以后，RSI 指标不会在超买或者超卖区域停留太久。这样，RSI 指标更可能在超买区域形成单顶或者双顶形态，以及在超卖区域形成单底或者双底形态。复杂的反转形态出现之前，

RSI 指标会提前从 80 线以上的区域回落，发出做空信号。或者说，在复杂底部反转形态出现以前，RSI 指标会在价格底部完成单底或者双底形态。

黄金 1312——14 日 RSI 双顶形态做空机会，如图 4-39 所示。

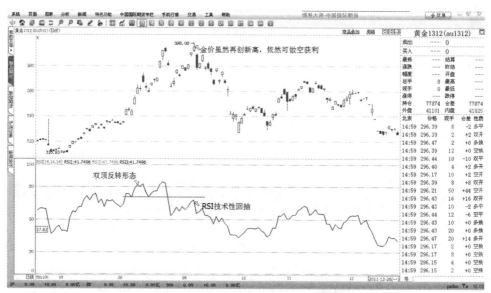

图 4-39　黄金 1312——14 日 RSI 双顶形态做空机会

黄金 1312 合约的日 K 线图中，价格强势的时候，RSI 指标完成了双顶形态。当双顶形成以后，RSI 跌破双顶颈线，回抽颈线对应的金价恰好处于反弹高位，此时便是投机者的做空机会。可见，RSI 指标的反转形态提供的操作机会是很好的。RSI 指标出现双顶反转形态之时，金价并未大幅度下挫。而一旦 RSI 回抽双顶形态的颈线，那么金价的反弹高位便是理想的做空机会了。投机者显然不能忽视 RSI 指标的提示效果，随着 RSI 指标反转的加强，金价的杀跌成为可能。

黄金 1312——零轴附近的双顶做空，如图 4-40 所示。

黄金 1312 合约的日 K 线图中，RSI 的双顶形态形成以后，黄金价格在不断震荡下跌。RSI 指标在 50 线以上的双顶反转形态非常明确，而金价的反转下挫也同步实现。从做空时机上分析，RSI 指标完成双顶的那一刻，便是极佳的做空机会。金价的下跌速度很快，最佳做空信号稍纵即逝。

从黄金价格下跌的大趋势来分析，图中 RSI 双顶反转形态出现在 50 线附近，是非常可靠的做空信号。

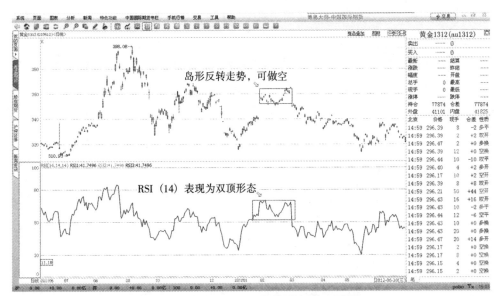

图4-40 黄金1312——零轴附近的双顶做空

现货白银9097——零轴附近的V形反转，如图4-41所示。

图4-41 现货白银9097——零轴附近的V形反转

现货白银9097的日K线图显示，银价的上涨已经成为定局。虽然期间出现了RSI指标短线下挫，而银价短线深度调整的情况，但是多头趋势依然存在。当白银价格短线下跌至均线以下后，RSI 从 50 线以下 V 形反转并且大幅度回升。这显示出多头趋势的强势。

　　白银持续上涨过程中，这种短线深度调整的做多机会不多。在银价调整阶段，做多开仓以后容易短线套牢，但从长期看却获利匪浅。

第四章　MACD
——反映价格趋势变化

一、MACD 反转形态开仓机会

　　RSI 指标和 MACD 指标的反转形态，对投机者的意义是相似的。当 MACD 指标完成重要的反转走势，并且黄金价格也跟随 MACD 指标同步运行，将是投机顺势开仓的机会。通过 MACD 指标反转形态，投机者不必在均线上判断价格的反转。MACD 指标的反转信号更加显而易见，出现反转信号表明均线（或者说金价）已经出现了反转走势。这个时候，投机者唯有开仓才能获得利润。

　　MACD 指标的反转形态可以是长期行情开始的信号，也可以是行情二次加速的信号。如果 MACD 指标的反转形态出现在零轴线以下，并且经历了很长时间才完成反转走势，那么将是金价回升的重要信号，同时也是投机者做多的机会。

　　在单边趋势中，金价波动的大趋势是确定的，但是期间调整会经常出现。通过 MACD 指标的反转形态，投机者能够发现价格重新进入单边趋势的操作机会。这样一来，即便金价出现了调整，等待 MACD 完成反转形态同样有机会开仓获得利润。MACD 指标波动强度要宽得多，这不同于金价的波动。黄金价格的调整空间可能不大，但是 MACD 指标却上下翻滚，指标中 DIF 和 DEA 曲线共同完成的反转形态，便是开仓的有效信号。

　　黄金 1312——DIF 和 DEA 圆弧顶形态，如图 4-42 所示。

　　黄金 1312 合约的日 K 线图表明，价格上涨过程中遇到了非常大的阻力。图中显示，MACD 指标中的 DIF 和 DEA 曲线完成了圆弧顶的反转形态，显然是下跌趋势形成的信号了。MACD 指标的圆弧顶形态会持续很长时间，而最佳的卖点并非只有一个。如果投机者能在第一时间就辨别出圆弧顶的反转形态，那么完全可以提前做空获利。

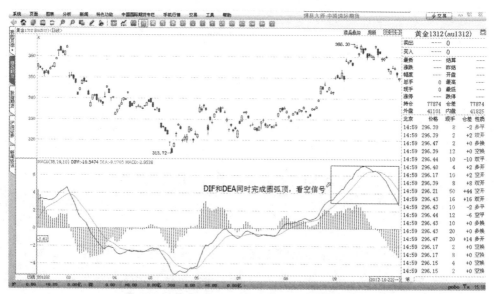

图 4-42 黄金 1312——DIF 和 DEA 圆弧顶形态

黄金 1312——DIF 反弹回落的做空点，如图 4-43 所示。

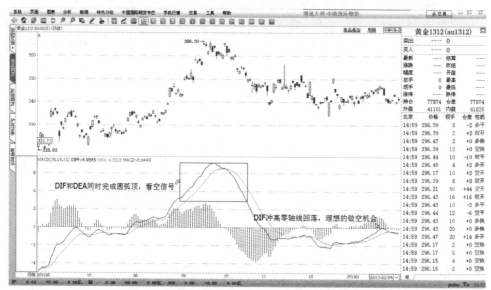

图 4-43 黄金 1312——DIF 反弹回落的做空点

　　黄金1312合约的日K线图显示，价格在弱势中的下跌很大。当DIF跌破零轴线以后，反弹至零轴线的那一刻，是非常理想的做空机会。随着MACD指标的迹象走弱，前期圆弧顶已经成为过去，指标新一轮的下跌将会展开。前期做空的投机者是明智的，而MACD指标跌破零轴线以后，加仓做空的投机者依然有机会获利。下跌趋势还远未结束。处于零轴线以下的MACD指标，意味着金价弱势偏空的情况依然存在。

　　黄金1312——DIF回落，金价杀跌，如图4-44所示。

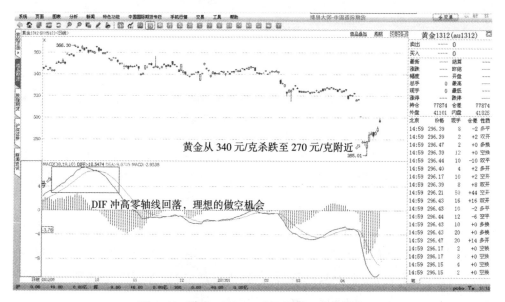

图4-44　黄金1312——DIF回落，金价杀跌

　　黄金1312合约的日K线图中，金价的下跌已经很深，但是跌势并未出现根本转变。金价跳空下跌幅度高达5%和7.69%，表明空头趋势在进一步发酵。就像价格持续回升的多头行情一样，空头趋势中的价格跌幅会更大，并且极易加速下挫。空头趋势如果真的见底，需要时间和空间配合。实际上价格调整时间应该足够长，而空间上看价格的下跌幅度应足够大，才能保证金价结束下跌趋势，进入真正的上涨中去。

　　白银1312——MACD的圆弧顶卖点，如图4-45所示。

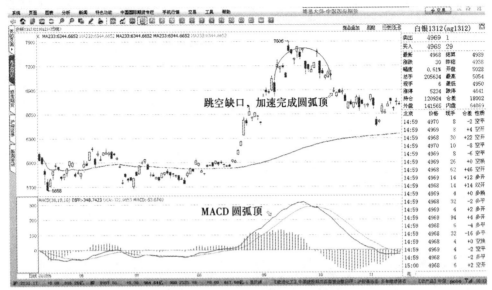

图 4-45　白银 1312——MACD 的圆弧顶卖点

　　白银 1312 合约在回升的时候也出现了见顶的信号，不仅 MACD 指标不断走弱，并且完成了圆弧顶反转形态。银价也在这个时候形成了圆弧顶，反转走势可谓一触即发。

　　事实上，银价的这种上涨趋势显然是强势后的反转表现了。银价上涨之时，大部分涨幅都是在跳空大涨的情况下完成的，这对看空的投机者来说无疑是致命的。大涨之后总会出现调整，而银价达到历史高位的过程中，这种调整来势更快，价格回落的幅度也会更大。MACD 的圆弧顶反转形态，就是在这种情况下产生的。

　　白银 1312——DIF 跌破零轴线，投机者应做空，如图 4-46 所示。

　　白银 1312 合约的下跌趋势在此后继续发酵，而 MACD 指标的运行情况平稳，该指标处于持续回落当中。在时间很短的范围内，DIF 曲线也曾突破零轴线，出现了一定的上涨，但这只是短线行为。从长期来看，银价的下跌会随着 MACD 的走低不断延续。

　　从白银的下跌幅度看，银价的跌幅最终得以扩大，并且出现了加速回落之势。做空投机者的获利潜力很大，价格持续下跌的时候必然获得高额回报。

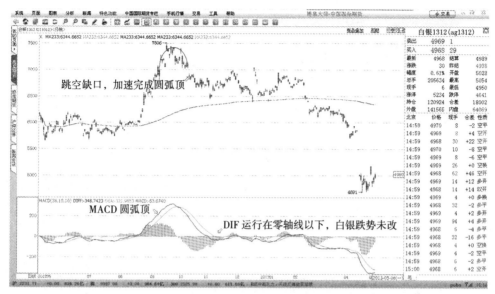

图 4-46　白银 1312——DIF 跌破零轴线，投机者应做空

二、DIF 与 DEA 单边运行持仓机会

　　MACD 指标中，DIF 曲线和 DEA 曲线分别代表两条不同均线的差值以及差值的平均数。当 MACD 指标完成反转形态以后，DIF 就会运行到 DEA 曲线的一侧去。在这个时刻，便是投机者开仓并且获得利润的机会。不同均线之间的距离不断扩大，是价格连续单边运行时出现的。如果 DIF 数值不断扩大，那么金价单边运行趋势不会改变。从 DIF 曲线和 DEA 曲线的运行情况来看，两条曲线之间的距离不断扩大，说明投机者可以顺势开仓并且获得利润。

　　计算周期设置合理的 MACD 指标，总能提供给投机者重要的操作信号。从 DIF 与 DEA 两条曲线来看，当 DIF 与 DEA 之间距离不断扩大，并且始终向一个方向运行的时候，将是单边趋势加速的信号。投机者可以据此开仓获得利润。DIF、DEA 曲线可以持续回升，当然也可以持续回落。当两条曲线持续回升的时候，是投机者买涨黄金的机会。一旦 DIF 曲线跌破 DEA 曲线，并且两条曲线趋势持续下挫，将是投机者不断做空的机会。

在黄金价格上升的牛市中，DIF 与 DEA 同步回升的阶段，投机者持有多单是比较明智的做法。顺势做多总会获得收益。而熊市当中，金价的下跌何时触底的确是个问题，投机者可以根据 DIF 与 DEA 同步下跌的情况进行做空操作，也可获得收益。

黄金 1312——MACD 金叉做多机会，如图 4-47 所示。

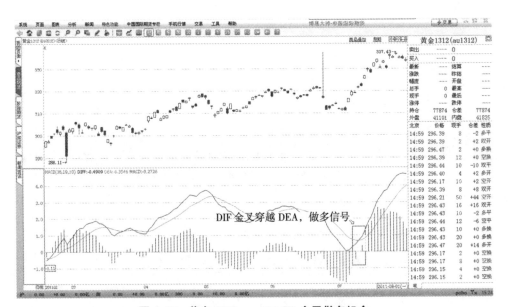

图 4-47　黄金 1312——MACD 金叉做多机会

黄金 1312 合约的日 K 线图显示，金价的调整中下跌幅度不大，但反映在 MACD 指标上的调整相当明显。随着 DIF 曲线快速探底零轴线并且形成了反转的金叉信号。可以断定，金价从这一刻起就会持续回升。当 DIF 金叉穿越 DEA 曲线以后，价格的上涨将得到延续。投机者操作上可以根据金叉后 DIF 与 DEA 曲线平行回升的情况持有多单，必将获得不错的利润。MACD 明确的金叉形成以后，DIF 曲线会在 DEA 曲线以上持续走高。平行向上移动的 DIF 和 DEA 曲线，提供的做多机会是明确的，更是中长期的做多机会。

黄金 1312——DIF 回调，依然可持多单，如图 4-48 所示。

在金价持续上涨过程中，DIF 曲线也曾出现了调整的情况，但并未跌破 DEA 曲线。DIF 曲线和 DEA 曲线平行向上运行，投机者可以利用 DIF 曲线简单调整的机会开仓做多，以便获得更为可靠的回报。在 DIF 与 DEA 明确平行向上的时候，金价的上涨并不是稍纵即逝的。可以预见的是，黄金价格还将出现一波冲刺，直到 DIF 曲线死叉跌破 DEA 曲线为止。

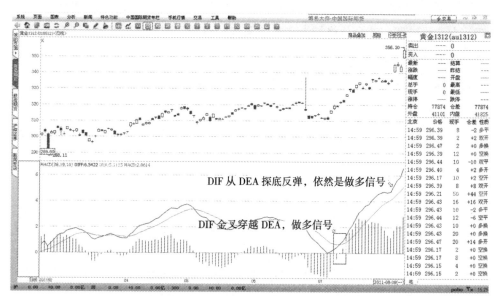

图 4-48　黄金 1312——DIF 回调，依然可持多单

黄金 1312——DIF 跌破 DEA 的平仓信号，如图 4-49 所示。

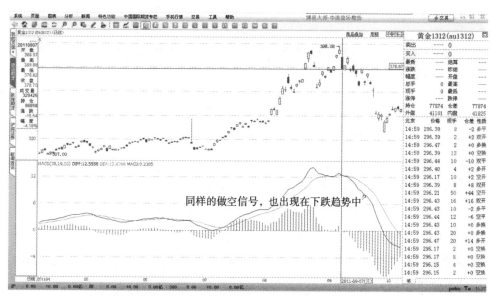

图 4-49　黄金 1312——DIF 跌破 DEA 的平仓信号

黄金 1312 合约的上涨空间很大，但随着 DIF 曲线的冲高回落，看跌死叉信号在很短时间内就完成了。在 MACD 指标从金叉到死叉转换的过程中，都将是投机者做多盈利的机会。DIF 与 DEA 曲线平行向上的阶段，成为理想的做多时期。在这段时期，黄金价格的上涨非常明确，而期间的价格调整空间有限，不会对投机者造成毁灭性的打击。在明确看涨的多头趋势中，DIF 死叉跌破 DEA 曲线需要较长时间。在这段时间里，投机者有足够的时间完成平仓的动作。

美白银 07——DIF 跌破 DEA 的做空机会，如图 4-50 所示。

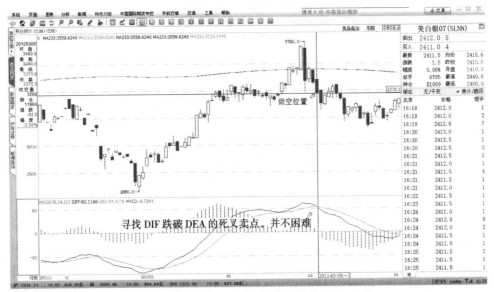

图 4-50　美白银 07——DIF 跌破 DEA 的做空机会

美白银 07 合约的日 K 线图显示，银价的见顶回落还是很明确的。在白银持续回升的过程中，DIF 死叉跌破了 DEA 曲线的效率很高。几乎是一次性完成的看跌死叉信号，成为重要的卖点。随着死叉的形成，DIF 曲线自然回落至 DEA 曲线以下。如果投机者及时做空，价格下跌的时候自然能获得利润。

美白银 07——DIF 突破 DEA 的平仓信号，如图 4-51 所示。

MACD 的死叉信号，成为 DIF 曲线与 DEA 曲线平行向下的重要起点。在白银持续下跌的过程中，两条曲线始终处于平行下跌的情况，说明看空的投机者可以持有空单获利。

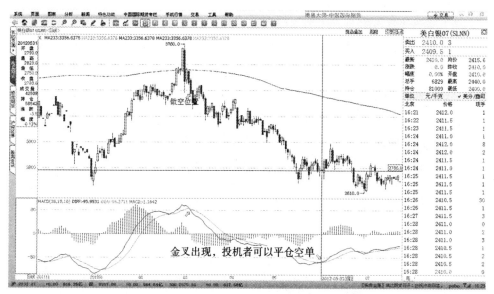

图 4-51　美白银 07——DIF 突破 DEA 的平仓信号

白银价格下跌很大，当 DIF 跌破零轴线并且再次形成看涨的金叉信号时，投机者可以考虑逐步平仓手中的做空合约。这样做不仅是兑现做空利润，还在很大程度上降低了价格反弹过程中持仓的风险，减小了持仓损失。

多头趋势与空头趋势中的持仓策略是相似的，根据 DIF 曲线与 DEA 曲线的平行运行情况来持仓，是个不错的做法。MACD 指标的运行趋势一旦形成，短时间内很少出现改观。特别是在价格早已经完成了重要的看空顶部形态的时候，更是如此。这样一来，投机者在 DIF、DEA 曲线平行移动的时候持仓，才是不错的做法。

三、DIF 与金价背离的操作机会

MACD 指标中的 DIF 曲线，反映了不同周期的两条均线之间距离大小。DIF 数值的扩大与缩小，显示了价格单边运行的强度和持久性。而 DIF 曲线相对于零轴线的位置，显示了投机者做多或者做空操作的方向。

实战当中，DIF 曲线与金价出现了背离信号，可以看作单边趋势走弱的信号。DIF 曲线与金价的背离不应持续时间太长，否则金价必然会出现逆势运行的情况。也就是说，上升趋势中的金价，会在 DIF 曲线与金价高位背离后冲高回落；而下跌趋势中运行的黄金，同样会在 DIF 曲线与金价底部背离后探底回升。总之，DIF 曲线与金价出现背离信号以后，投机者可以根据价格走向判断反向开仓时机。一旦金价真的脱离单边运行趋势，已经开仓的投机者再加仓就可以获得更加丰厚的利润了。

黄金 1312——金价与 DIF 一次背离做空信号，如图 4-52 所示。

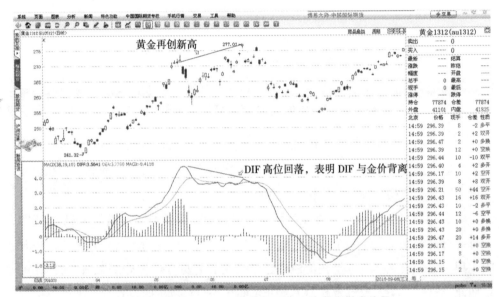

图 4-52　黄金 1312——金价与 DIF 一次背离做空信号

黄金 1312 合约的反弹过程中，虽然价格再创新高，但是对应的 DIF 曲线已经逐步走弱，并且完成了看跌的死叉信号。在 DIF 曲线与金价高位背离的过程中，投机者的卖点已经形成。一旦 DIF 曲线与金价高位背离，并且死叉跌破了 DEA 曲线，那么持续看空的做空时机就会形成。死叉完成的那一瞬间，投机者就应该考虑做空获利了。价格波动速度很快，做空信号不一定很明确。在 MACD 指标发出做空信号以后就可以做空，等待趋势明确的时候增加做空仓位，显然可以不断获利。

黄金 1312——金价与 DIF 二次背离做空信号，如图 4-53 所示。

图 4-53　黄金 1312——金价与 DIF 二次背离做空信号

　　黄金 1312 合约的日 K 线图显示，金价的上涨依然延续，但是 MACD 指标已经明确走弱。图中黄金价格的 A、B、C 三个位置对应的 MACD 指标的 A1、B1、C1 三个位置显然已经震荡下挫。这样，在 MACD 指标与金价背离的过程中，卖点随时可以出现。一般看来，背离情况绝不会轻易超过三次的，图中 B1、C1 两个位置的背离，显然就是两次背离。在金价 C 位置的背离以后，黄金 1312 合约短线大幅调整，表明做空的投机者已经获得不错的利润。

　　美白银 07——银价与 DIF 背离做空信号，如图 4-54 所示。

　　美白银 07 合约的日 K 线图中显示，银价的反弹幅度是很高的，而价格的下跌却始终是大趋势。图中显示，虽然 MACD 指标中的 DIF 曲线突破了前期高位，但是对应的白银价格却没有出现类似的情况。以往的高位背离都是技术指标先走弱，然后才是价格高位下挫，这次却刚好相反。这种不同寻常的背离也是价格走弱的信号。白银在这种情况下的走弱会更加提前，今后的下跌空间也会更大，值得做空投机者关注。

　　美白银 07——银价走低，做空已经获利，如图 4-55 所示。

　　美白银 07 的高位下跌，显然形成了一段中期下挫的大行情。从 MACD 指标的运行情况来看，MACD 指标高位下跌，并且逐步回落至零轴线以下。而白银的下跌虽然不是一蹴而就的，但是其下跌的趋势在不断加强。银价的下跌幅度时刻

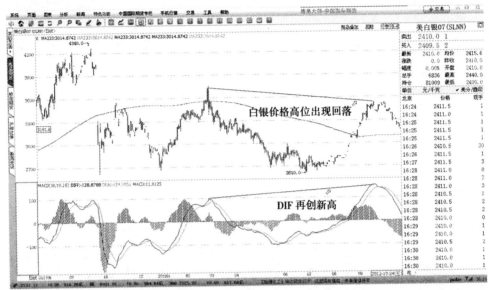

图 4-54　美白银 07——银价与 DIF 背离做空信号

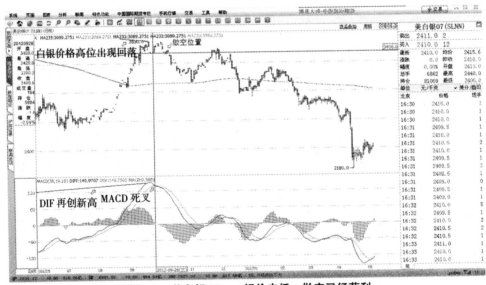

图 4-55　美白银 07——银价走低，做空已经获利

在增大，做空投机者有很多机会加仓，并且稳定获取丰厚回报。

值得一提的是，白银价格的持续下跌，是以加速回落的形式完成的。虽然每次银价下跌调整的时间很长，而银价的再次下跌后跌幅也是非常大的。这样，做多的投机者总是获利微薄，而做空的投机者短线虽然利润减少，长期来看则不断增加了做空回报。

第五章 均 线
——移动平均线的技术指标

使用均线来判断价格获得支撑以及压力的位置，是比较直观而有效的判断方法。黄金价格波动虽然复杂多变，但是重要的均线对金价的影响是明确的。投机者如果已经明确了价格的基本走向，使用不同计算周期的均线就可以通过均线判断压力位置，为开仓操作提供便利。

从计算周期的设置上来看，可以有不同的方法。本章重点介绍黄金分割数字作为均线计算周期的使用策略。黄金分割数字是从 1 开始的无限循环的数。可以有 1、2、3、5、8、13、21、34、55、89、144、233 等。从均线计算周期设置来看，投机者可以使用 233 以内的数字作为判断黄金价格重要阻力位的均线。数字可以是连续的黄金分割数值，也可以是穿插截取的数值组合，用以构成均线组合数字。

使用 13、34、89、233 这四个黄金分割数字作为均线计算周期，实战中的运用效果会比较理想。13 日的计算周期已经足够短，而 233 日的均线是足够长的周期。从短周期到长周期完全覆盖，能为投机者短线交易提供帮助。

一、13 日均线的短线机会

13 日均线计算时间比较短，可以认为是投机者短线操作黄金的机会。价格首次波动到 13 日均线的时候，趋势不会轻易结束。投机者可以考虑在 13 日均线附近开仓，以便在价格从 13 日均线折返的时候获利。13 日均线对金价短线走势来说非常重要，一般都会出现回调的情况。

在黄金价格单边上涨阶段，短线冲高回落后，金价很容易获得 13 日均线的支撑而出现反弹走势。如果是黄金价格单边下跌阶段，那么 13 日均线将是价格反弹中的重要阻力位。价格很可能在反弹至 13 日均线的时候出现回调，那将是投机者做空开仓的机会。

黄金 1312——金价向下跌破 13 日均线，如图 4-56 所示。

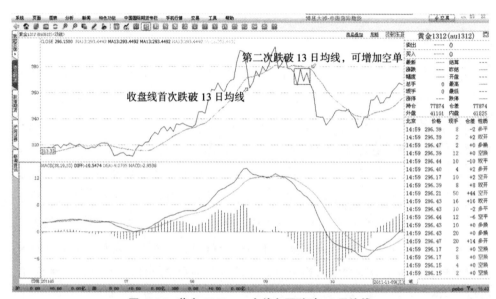

图 4-56 黄金 1312——金价向下跌破 13 日均线

黄金 1312 合约的日收盘线图中，价格在持续回升的过程中出现了见顶的迹象。黄金的收盘价跌破了 13 日的短期均线后，卖点就已经显示出来。13 日均线作为可靠的短线操作的均线，在这个时候被跌破是重要看点。虽然金价的下跌并不是一步到位的，收盘价从跌破 13 日均线的那一刻起逐步回落，已经是投机者不错的做空机会了。价格的下跌短线不断加速，投机者开始不断增加空单的过程中，自然能够不断获得利润。

黄金 1312——反弹中的突破买点，如图 4-57 所示。

黄金 1312 合约的收盘线中，金价短线反弹的走势依然值得投机者关注。黄金价格短线反弹的幅度很大，几乎一次性地突破了 13 日的短期均线，并且发出了突破的重要做多信号。金价的反弹显然是很可靠的，并非那种假突破的情况。这样，投机者在金价突破 13 日均线的那一刻开仓做多的话，反弹中可以获得利润。

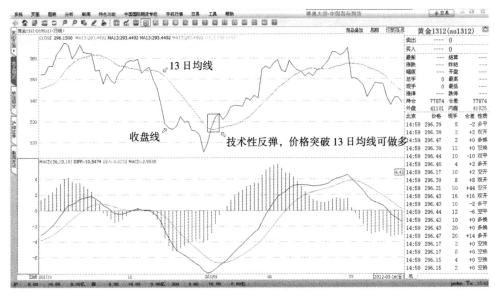

图 4-57 黄金 1312——反弹中的突破买点

美白银 07——美白银的短线做多机会，如图 4-58 所示。

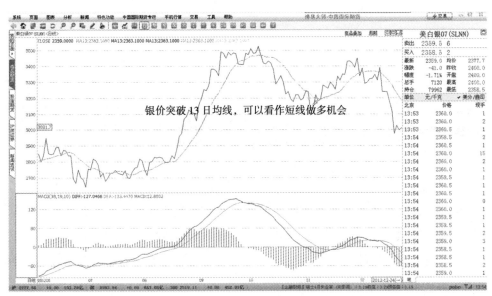

图 4-58 美白银 07——美白银的短线做多机会

美白银 07 的日收盘线表明，银价的上涨很显然提供了做多信号，图 4-58 中美白银 07 价格震荡企稳以后，自然回升至 13 日均线以上。随着白银价格的不断攀升，投机者随之做多的机会很多。13 日均线作为短线开仓的重要看点，就是在价格突破均线的那一刻的操作机会上。白银的反弹虽然仅仅是短线行为，但是价格的上涨无疑提供了获利的机会。很多投机者并不一定需要获得中长期的持仓回报，短线获利的途径无疑可以从 13 日均线的突破中挖掘。

美白银 07——跌势中，反弹机会逐步消失，如图 4-59 所示。

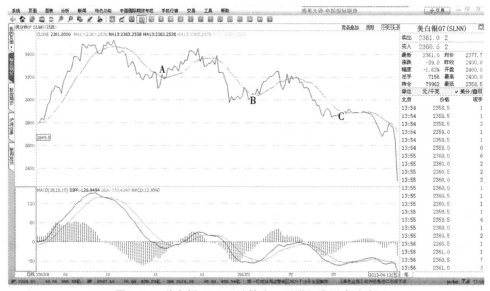

图 4-59　美白银 07——跌势中，反弹机会逐步消失

美白银 07 的下跌不可阻挡，其间的做多机会也是很多的。图 4-59 中显示的 A、B、C 三个位置的买点非常明确，都是价格向上突破 13 日均线的时候形成的。不过考虑到白银还是处于下跌趋势中，短线做多的获利空间可能不会很多。到了图中 C 位置，投机者做多的盈利空间几乎消失。总体来看，越早采取短线做多的操作，越是可以获得较好的回报。

美白银 07——跌势中，做空信号更为可靠，如图 4-60 所示。

美白银 07 的日 K 线图显示，价格的下跌已经毫无争议，投机者如果能把握做空时机，更容易获得比较理想的回报。在白银震荡下跌的过程中，银价反弹的空间不断收缩，而投机者可以利用价格短线反弹的机会增加做空资金，还是可以

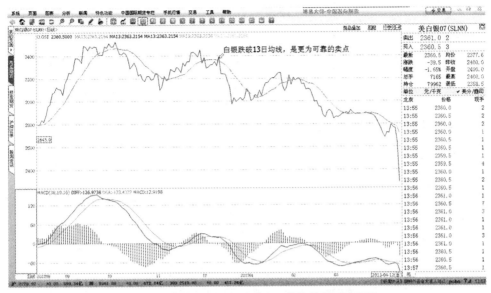

图 4-60　美白银 07——跌势中，做空信号更为可靠

获得不错的利润的。一个很现实的问题，就是白银价格的下跌将中长期延续，而反弹已经成为短暂的价格行为。或者说，白银技术性的反弹走势更好地为做空投机者创造了机会，而不是短线买涨的投机者的做多时机。在白银价格中长期走弱的过程中，银价短线跌破 13 日均线的那一刻，便是投机者理想的做空盈利时机了。

二、34 日均线的减仓机会

如果说 13 日均线是金价首次出现折返的起点，那么接下来的 34 日均线将是投机者减仓的位置。黄金价格可能会在折返的过程中不断突破阻力位，而单边持仓的投机者却不能置之不理。在价格首次回调至 13 日均线后，投机者可以考虑开仓。而一旦金价突破 13 日均线，并且达到了 34 日均线，那么价格的折返空间机会很快放大，投机者应该考虑减少前期的单边持仓量，以便应对价格的调整。

比如说，在黄金价格持续回升阶段，如果价格短线跌破了 13 日均线，并且价格已经达到了 34 日均线附近，那么很可能意味着金价将大幅度回落，投机者减少多单数量是个不错的选择。价格一旦回落至 34 日均线，黄金价格预期大幅度回落的可能性很大。34 日均线作为投机者减少多单甚至是做空开仓的位置，重要性不言而喻。

黄金 1312——金价跌破 34 日均线是更为可靠的卖点，如图 4-61 所示。

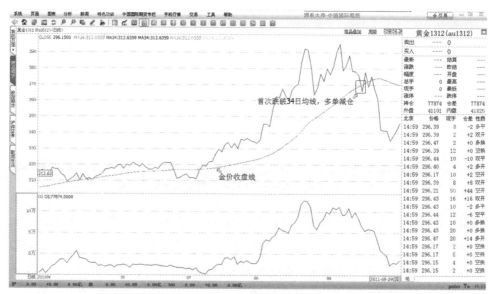

图 4-61　黄金 1312——金价跌破 34 日均线，更为可靠卖点

黄金 1312 合约的日 K 线图显示，价格在震荡下挫的过程中，跌破 34 日均线的时候，可以作为可靠的卖点。随着黄金价格的回落，34 日均线不再是短线的做空信号，而是金价回落后的中长期卖点。很显然，前期黄金价格大幅度上涨的情况已经发生改变，价格短线双顶回落的时候，很快就跌破了 34 日均线。后市来看，这种破位性质的回落具备做空的意义。

黄金 1312——二次破位的减持机会，如图 4-62 所示。

黄金首次跌破 34 日均线，可以看作是一个做空机会。随着黄金二次跌破 34 日均线，这样的操作机会又一次得到验证。只是价格在反弹中重新回落，显示出重要的做空机会。半途中打算加仓做空的投机者，这无疑是一次机会。

美白银 07——银价跌破 34 日均线，可瞬间做空，如图 4-63 所示。

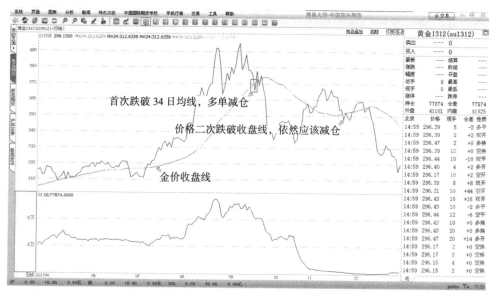

图4-62　黄金1312——二次破位的减持机会

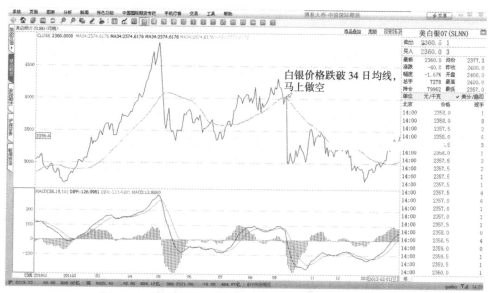

图4-63　美白银07——银价跌破34日均线，可瞬间做空

　　美白银07合约的日收盘线中，银价跌破了34日均线以后。不足3个交易日，白银就出现了猛烈的杀跌。不同于价格反弹中长期持仓才可获利，做空白银意味着更短的时间里获得更为丰厚的收益。

　　34日均线的支撑效果显然更强一些，但是价格跌破该均线以后，跌幅会更大一些。这是重要的支撑转变为重要的阻力的结果，是投机者做空的重要获利机会。

美白银 07——银价跌破 34 日均线，可瞬间做空，如图 4-64 所示。

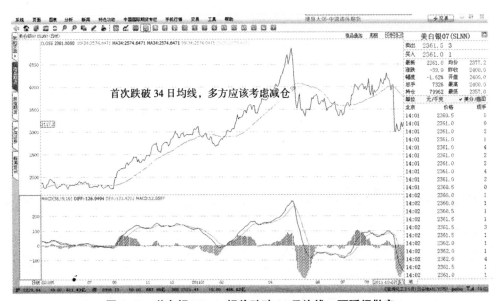

图 4-64　美白银 07——银价跌破 34 日均线，可瞬间做空

美白银 07 合约的日 K 线图中，在银价跌破 34 日均线以前，美白银已经在前期出现了下挫的情况。白银短时间内跌破了重要的 34 日均线，可以视为不错的做空信号。在白银首次跌破 34 日均线的时候，对应的突破位置成为日后价格反弹的重要压力位。如果这一下跌趋势延续，投机者在类似的位置上把握做空机会，理应获得不错的回报。

三、89 日均线的开仓机会

89 日的移动平均线，是价格突破过程中的重要调仓位置。当黄金价格依次突破了 13 日均线、34 日均线以后，89 日均线的阻力虽然较大，却并不是不能突破。如果黄金价格的波动方向已经出现逆转，89 日均线很可能仅仅是金价更长时间的调整位置。调整结束以后，价格还是会突破该均线的。可见，实战当中投机者可以将 89 日均线看作开仓的机会，开仓的方向与金价调整方向相同。

比如说，黄金价格持续上涨的过程中，价格回调的时候依次突破了 13 日或者 34 日的移动平均线，那么接下来的 89 日均线很可能是重要的价格反弹位置。在价格反弹结束以后，金价还是会跌破 89 日移动平均线。投机者可以考虑在价格达到 89 日均线的时刻做空，自然获得短线做空回报。

黄金 1312——黄金快速跌破 89 日均线，如图 4-65 所示。

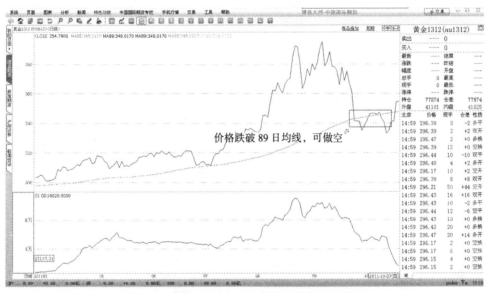

图 4-65　黄金 1312——黄金快速跌破 89 日均线

黄金 1312 合约的日收盘线图表明，价格上涨过程中遇到了强阻力，金价随之跌破了 89 日均线，表明重要的做空机会已经形成。89 日的均线支撑效果还是很理想的，不过金价的调整幅度很大，该均线已经不能维持黄金在上涨趋势中运行。图 4-65 中的破位下跌，说明是时候做空获利了。

黄金 1312——黄金弱势反弹可加仓做空，如图 4-66 所示。

黄金 1312 合约短线回落至 89 日均线以后，反弹的过程中突破了 89 日均线。考虑到金价已经处于历史高位，况且这一次的突破 89 日均线仅仅是反弹中出现的突破，不足以支撑价格继续回升。那么，投机者可以在这个时候做空获利了。

美白银 07——89 日均线的重要看点，如图 4-67 所示。

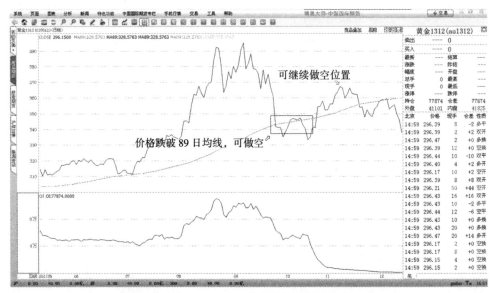

图 4-66　黄金 1312——黄金弱势反弹可加仓做空

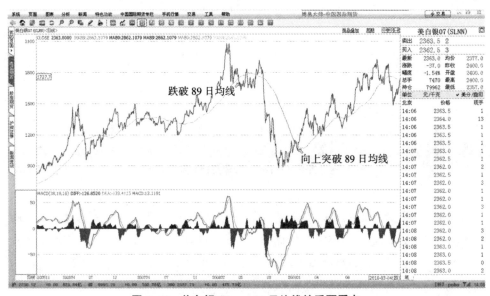

图 4-67　美白银 07——89 日均线的重要看点

从美白银 07 合约的收盘价格图来看，白银价格向下回落并且反转突破 89 日均线的走势非常明确，可以看作是投机者开仓的机会。89 日均线的阻力很强，而银价短线突破该均线显然是有效果的。这样看来，适当做多无疑是正确的选择。即便金价短线再次出现调整，投机者做多依然能够获得稳定利润。

美白银 07——89 日均线的高位卖点，如图 4-68 所示。

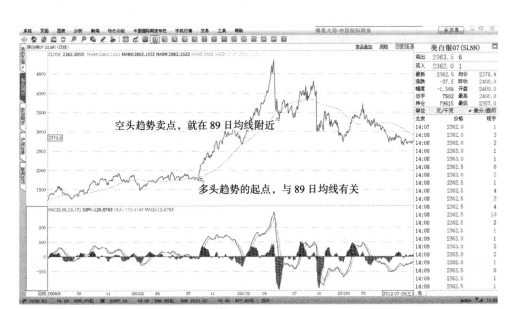

图 4-68　美白银 07——89 日均线的高位卖点

美白银 07 合约的走势图显示，白银历史上重要的拉升行情，就是在价格突破 89 日均线后形成的。89 日均线成为价格维持多头的重要支撑线，也是投机者判断开仓机会的重要位置。简单的支撑已经表现在 89 日均线上，投机者适当在突破的那一刻做多不会有任何问题。

四、233 日均线的开仓机会

在金价单边运行的过程中，价格调整至 233 日均线的时刻，折返的幅度将会很大。投机者可以根据价格的运行概率，在 233 日均线附近考虑反向做多，依然能够获得做多利润。虽然黄金价格已经从高位回落，但是价格调整至 233 日均线以后，价格跌幅就非常高了。一般来看，金价获得 233 日均线的支撑会非常容易，而价格反弹的高度足够投机者做多获利。

233 日均线的阻力较大，黄金价格即便真正摆脱了单边运行的趋势，也不容易一次性突破233日均线。投机者可以在价格达到233日均线的时刻埋单反向做多，可以获得价格反弹的利润。

黄金1312——233日均线的理想买点，如图4-69所示。

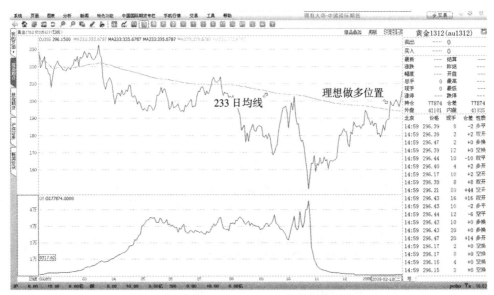

图4-69　黄金1312——233日均线的理想买点

黄金价格的收盘线中显示，金价震荡下挫的情况出现了转机，图4-69中黄金价格一次性突破了233日均线，显然是理想的做多机会。从前段时间的金价走势看，基本上是233日均线以下加速回落的态势。不过金价的反弹幅度很大，一次性突破了233日均线以后，长期多头趋势就在这个时候形成了。理想的突破总是伴随着趋势的形成，显然对于黄金的走势也是如此。

黄金1312——价格回调可试探性做多盈利，如图4-70所示。

黄金1312合约的走势很明确，价格突破233日均线以后冲高回落，寻求233日均线的再次支撑。很明确的是，233日均线的支撑效果很理想，价格短线冲高回落后，马上在233日均线上出现了反弹的情况。黄金价格的震荡走强已经出现，今后的金价回升趋势中，价格在没有轻易跌至233日均线。这表明，在价格首次突破233日均线以后，做多机会已经形成。

黄金1312——黄金长期多头趋势形成，如图4-71所示。

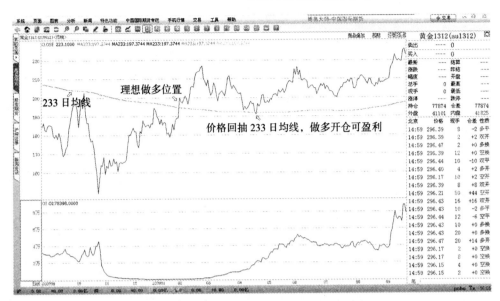

图 4-70 黄金 1312——价格回调可试探性做多盈利

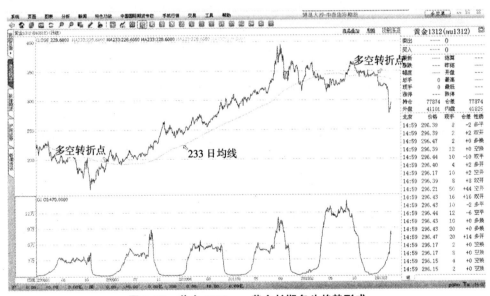

图 4-71 黄金 1312——黄金长期多头趋势形成

黄金 1312 合约的日 K 线图中，233 日均线成为金价大幅度攀升的重要支撑位置。随着趋势的延续，黄金的走强已经不可逆转。在 233 日均线被突破以来，价格的明确上涨成为一大看点。

美白银 07——美白银的做多信号，如图 4-72 所示。

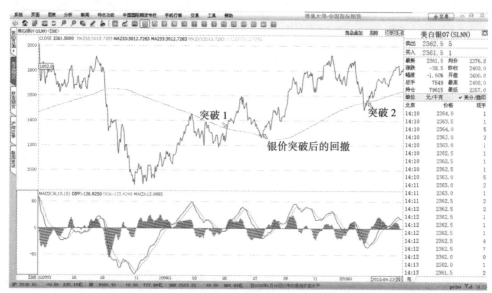

图4-72 美白银07——美白银的做多信号

美白银07的价格走势也是如此，233日均线的压力虽然较大，但是白银价格的反弹显然在233日均线上形成了有效的突破。白银价格突破233日均线以后，价格短线回落便开始逐步走强。从长期来看，白银价格突破233日均线的走势值得关注。银价的长期上升的大趋势，起始点就是这个突破位置了。

在白银价格持续回升阶段，图中"突破2"再一次出现，这显然是多头趋势中的重要做多机会。美白银的回升趋势已经明确无误，只等投机者做多获利。

第六章　布林线
——判断突破位置

一、布林的放大喇叭口买点

布林线上轨与下轨之间的缩放趋势，与价格的波动过程密不可分。在价格企稳回升的时候，价格的波动幅度不断地放大，而对应的布林线的开口也会同步放大。这样一来，放大的喇叭口形态，就成为投机者建仓的绝佳机会。价格的持续上攻过程中，喇叭口也会出现一些明显的变化，而如果价格的上涨趋势得到延续的话，喇叭口的形态也会不断地放大。价格最初出现突破性的拉升走势的时候，就是投机者建仓的绝佳机会。

值得一提的是，布林线出现放大的喇叭口形态的时候，一定是在价格出现了突破性的走势之后才开始的。价格突破之前，投机者是不会发现放大的喇叭口形态的。这样的话，投机者就需要在价格突破的初期，大胆地开始建仓了。

喇叭口形态出现之后，投机者应该更多地关注价格的回调的做多机会。

即便价格回升比较强，在喇叭口刚刚出现之时，价格同样会不断回调布林线中轨，投机者做多是不错的机会。

布林线喇叭口形态出现后，投机者可以在价格突破布林线上轨的时候做多，当然也可以在价格回调布林线中轨的时候做多开仓。从持仓成本的角度看，价格回调至布林线中轨之时，持仓成本是比较低的，这有助于投机者开仓获利。

黄金1312——布林线加速扩张买点，如图4-73所示。

黄金1312合约的日 K 线图中显示，价格持续回升中，金价一旦回升到布林

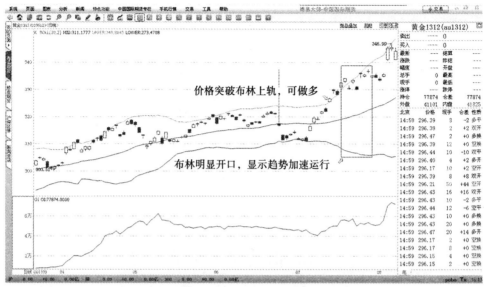

图 4-73 黄金 1312——布林线加速扩张买点

线的上轨附近，那么价格上升空间就已经打开。从黄金 1312 合约的走势看来，这种突破显然是可以持续的，那么投机者无疑可以在这个位置做多获利。判断黄金价格上涨的重要信号，显然就是布林线的开口了。价格突破方向向上，而布林线也出现了开口的情况，投机者可以做多赢得利润。

黄金 1312——金价高位调整的买点，如图 4-74 所示。

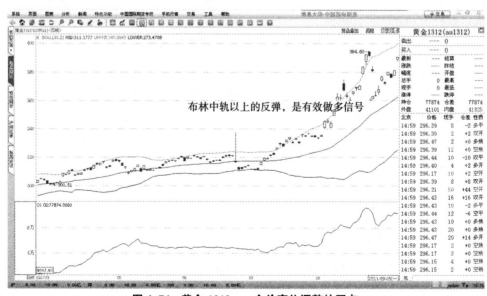

图 4-74 黄金 1312——金价高位调整的买点

黄金 1312 合约的日 K 线图中显示，金价的上涨出现了回调的情况。黄金价格在图 4-74 中高位回落以后，投机者可以利用这个价格回落的机会做多，以便在黄金即将见顶阶段获利。不管怎样，黄金的上涨还没有结束。金价高位回落，但是又出现了明确的反弹走势，就是非常可靠的信号了。

美白银 07——布林线开口的做多机会，如图 4-75 所示。

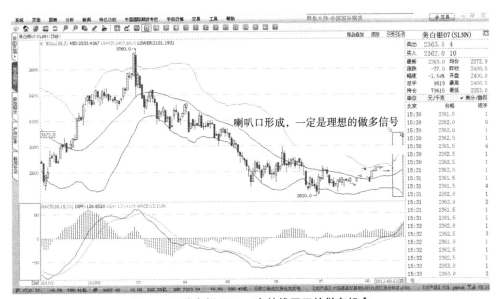

图 4-75　美白银 07——布林线开口的做多机会

美白银 07 合约的日 K 线图显示，价格震荡上行的时候，喇叭口形态已经逐渐清晰了。美白银 07 合约的价格上涨非常引人注目。白银价格的加速回升，显然是在这种情况下实现的。事实上，从布林线喇叭口的形态就能看出，白银的上涨是可以持续的。这种不温不火的持续回升中，银价的短线反弹空间必然很高。

美白银 07——喇叭口出现，白银大涨 22%，如图 4-76 所示。

美白银 07 合约短线飙升，并且几乎是以圆弧形的反转完成的，价格累计上涨高达 22%，这样的涨幅在杠杆的存在下，投机者盈利空间非常大。一般看来，高达 22% 的上涨空间，操作好的投机者完全能够使总资金翻倍增长。

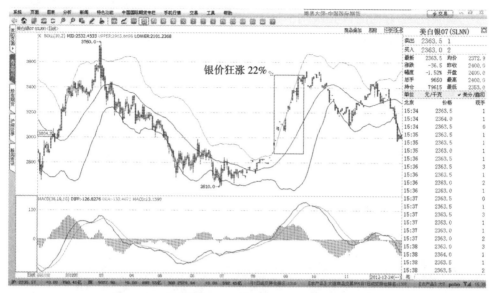

图 4-76　美白银 07——喇叭口出现，白银大涨 22%

二、布林的放大喇叭口卖点

与喇叭口放大后的买点相对应的，价格快速下跌的时候造成的喇叭口形态，是投机者做空的大好时机。把握价格回落的出货时机的方法，与喇叭口形态出现后的做多非常相似。

价格在布林线上下轨道之间不停地震荡过程中，一旦跌破了布林线的中轨，并且在布林线中轨以下持续走弱。如果价格突然跌至布林线下轨以下，那么放大的喇叭口出现就在所难免了。价格持续回落造成的喇叭口形态，是投机者比较明确的做空时机，可以在价格突破了布林线下轨之时，或者是在价格回抽至布林线中轨的时候开始做空。在价格持续回落的过程中，喇叭口的大小表明突破的有效性，是投机者判断做空时机的重要前提。喇叭口的规模较大，表明突破有力，是投机者做空的机会。

黄金 1312——跌破布林线下轨的卖点，如图 4-77 所示。

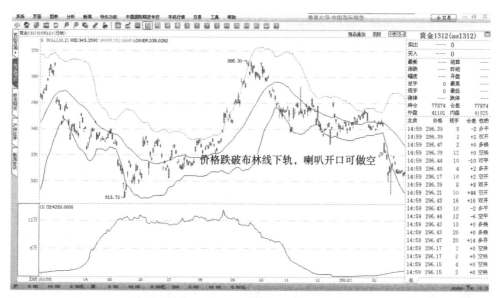

图 4-77　黄金 1312——跌破布林线下轨的卖点

黄金 1312 合约的日 K 线图中，金价的下跌在喇叭口形态出现的时候开始加速。黄金价格短线杀跌的过程中，喇叭口得到强烈放大。投机者可以顺势操作做空黄金，以便能够获得高额的回报。

黄金 1312——价格跌破中轨依然做空，如图 4-78 所示。

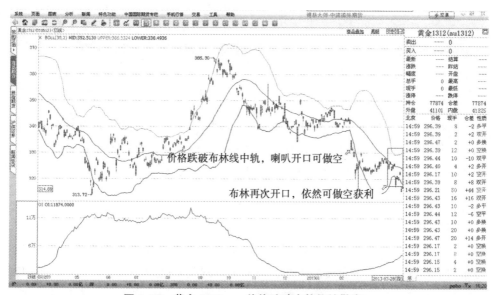

图 4-78　黄金 1312——价格跌破中轨依然做空

黄金的下跌是在波动中完成的，当金价短线反弹结束后，价格再次跌破了布林线中轨，并且突破了布林线的下轨之时，布林线已经再次开口。不出意外，这一次布林线的喇叭口形态，也同样提示了投机者的做空信号。

黄金1312——喇叭口张开，金价狂泻，如图4-79所示。

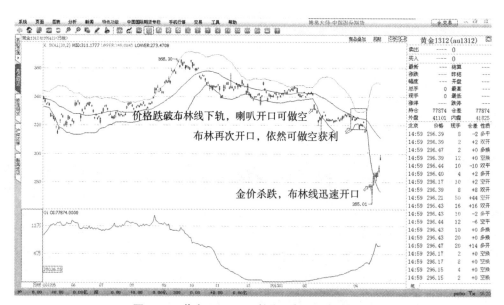

图4-79 黄金1312——喇叭口张开，金价狂泻

黄金1312合约的下跌空间更大，并且喇叭口形态的放大程度也更高，表明之前的做空判断是非常正确的。黄金1312合约跌势未改，做空无疑在阶段性下跌中扩大了利润。

美白银07——喇叭口张开卖点，如图4-80所示。

美白银07合约高位见顶的时候，喇叭口短时间得到放大，这也是做空白银的重要机会。虽然白银价格并未在高位调整，短时间便形成了有效的下跌。投机者依然可以看作是喇叭口放大而价格加速回落的重要卖点。

美白银07——历次喇叭口张开的卖点，如图4-81所示。

美白银07合约的下跌过程一波三折，震荡下降的情况显然已经出现。接下来的E、F、G三个位置都出现了喇叭口放大的情况，理应成为投机者重要的做空信号。事实上，白银价格的下跌，与喇叭口的关系已经不大了。毕竟，美白银早已经出现了见顶的迹象，图中银价震荡走弱的时候，投机者应该清楚反弹就是做空的机会，只要做空就一定容易获得利润。

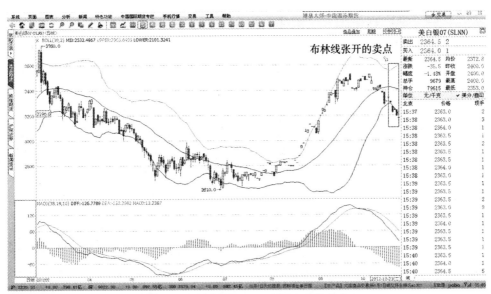

图 4-80 美白银 07——喇叭口张开卖点

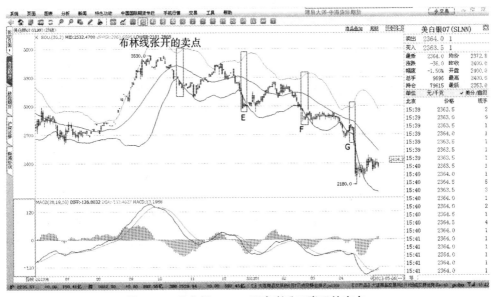

图 4-81 美白银 07——历次喇叭口张开的卖点

三、布林的中轨买卖点

布林线中轨是价格涨跌变化的分界线。一般情况下，价格处于布林线中轨之上，表明后市看涨；而价格跌破布林线中轨的时候，说明后市看跌。

布林线中轨是支撑线，同样也是压力线。当价格处于布林线中轨以上运行时，说明布林线中轨是支撑线，价格会在这个时候震荡上行。一旦价格跌破布林线中轨，那么支撑线变为压力线，价格反弹至布林线中轨以后会遇阻回落。

一般看来，价格的运行趋势是确定的，而布林线中轨对价格形成支撑如果有效，那么布林线中轨就是支撑价格上涨的因素。投机者可以在价格回调至布林线中轨后做多获利。如果趋势是向下的，而布林线中轨又成为价格震荡回落的压力线，投机者同样可以在价格反弹至中轨之时做空，也同样能够获得利润。不管怎样，单边运行趋势中，布林线中轨总是阻力的来源。投机者可以根据布林线中轨提供的阻力，来考虑做多或者做空获利。

黄金 1312——突破布林线中轨的做多信号，如图 4-82 所示。

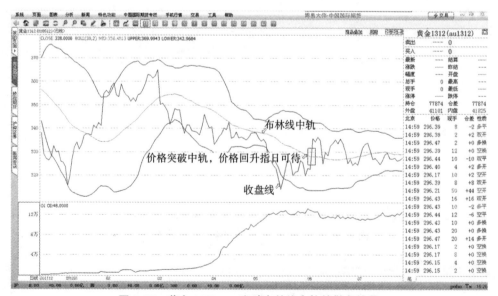

图 4-82　黄金 1312——突破布林线中轨的做多信号

黄金 1312 合约显示，金价大幅度下挫以后，价格震荡企稳在布林线中轨以上。在价格还未真正企稳之前，金价回升至中轨，投机者可以逐步扩大多单数量，以便在趋势完成之时做多获利。

黄金 1312——中轨企稳的做多信号，如图 4-83 所示。

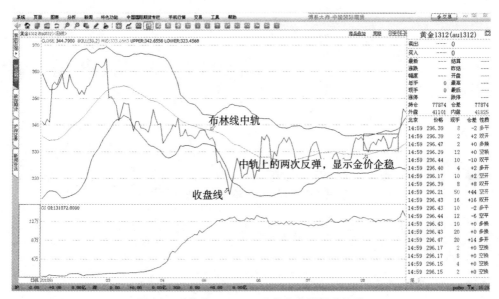

图 4-83　黄金 1312——中轨企稳的做多信号

黄金 1312 合约的日 K 线图中，价格震荡上行，金价显然已经稳定在布林线中轨以上，这就是理想的做多信号。布林线中轨是价格回升过程中重要的支撑位置，而金价可以在中轨上获得支撑，就表明了多头趋势将会长期延续。

黄金 1312——跌破中轨可平仓获利如图 4-84 所示。

黄金 1312 合约的上涨已经成为定局，金价大幅度攀升以后，价格首次跌破布林线中轨的那一刻，便是理想的做空获利机会。黄金 1312 合约的高位下跌，提供的做空信号非常明确。投机者可以适当关注黄金的价格变化，采取必要措施做空在金价下跌的那一刻。

美白银 07——小阳线突破中轨的买点，如图 4-85 所示。

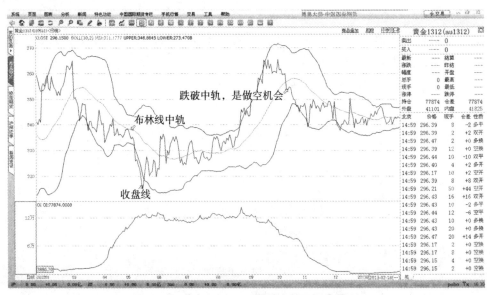

图 4-84　黄金 1312——跌破中轨可平仓获利

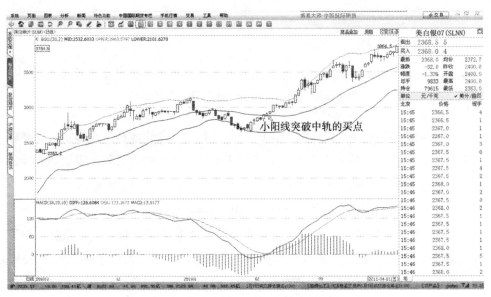

图 4-85　美白银 07——小阳线突破中轨的买点

　　美白银 07 合约的短线调整中，价格下跌空间并不是很高。而随着价格的逐步回升，银价以小阳线的形式突破中轨的时候，便是不错的做多时机了。便于价格运行情况平稳，价格突破布林线中轨的突破信号也并非突然出现，因此可以将突破视为有效买点。

美白银 07——持续回落中跌破中轨，如图 4-86 所示。

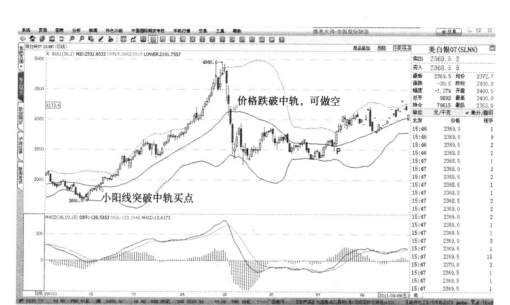

图 4-86　美白银 07——持续回落中跌破中轨

美白银 07 合约的上升趋势中，价格高位回落的时候连续下跌，银价一次性跌破了布林线中轨，显然就是投机者做空的信号了。在白银价格见顶回落的时候，技术性的反弹还是存在的。图中显示的 P 位置，就是这样的技术性反弹的做多信号了。银价反弹突破布林线中轨的那一刻很短，投机者若不及时做多很容易错过最佳买点。

美白银 07——银价跌破中轨，做空机会短暂，如图 4-87 所示。

美白银 07 合约的日 K 线图中，当白银再次跌破布林线中轨的时候，价格维持在中轨以下仅仅 3 个交易日，白银价格就出现了狂泻的情况。可想而知，银价在跌破中轨以后的卖点显然稍纵即逝。如果不是第一时间把握这一突破信号，投机者就无缘短线做空的高额回报。

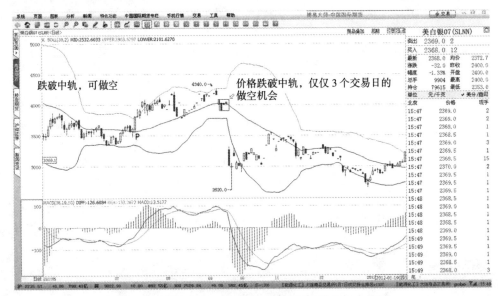

图 4-87　美白银 07——银价跌破中轨，做空机会短暂

第五篇

宏观趋势分析

——判断大趋势的关键

第一章　黄金、白银的趋势线分析

一、多头行情买点

通过绘出金价单边运行的趋势线，投机者能够发现价格的支撑位置以及重要的操作机会。实战当中，金价波动过程中的操作机会很容易出现，而趋势线是比较理想的开仓位置。持续回升的金价调整至趋势线以后，支撑效果必然很大。金价短线反弹回升后，投机者开仓在趋势线对应的价位上，便能获得做多回报。

在趋势线分析中，投机者能发现单边趋势中的开仓和加仓机会。价格总是沿着趋势线单边运行，趋势线提供了金价持续走强的支撑力或者说为金价的下跌提供了压力。在金价上行的多头趋势中，价格总是在波动中放大涨幅，而支撑线是金价波动行情的起涨点。投机者把握好支撑线的买入机会，必然能获得比较好的回报。

黄金 1312——多头突破，如图 5-1 所示。

黄金 1312 合约的收盘线显示，价格在波动中突破了下跌趋势线，明显是做多的信号。从下跌趋势线的压力来看，金价的反弹显然有些。图中矩形区域显示，黄金两次向上突破压力线，买点最终在这个位置完成了。投机者显然不能忽视金价突破压力线的情况。前期下跌的压力线对金价的压制很明显，这一次的突破显然表明了趋势的反转。投机者应该关注这个问题。

黄金 1312——杀跌中的补仓机会，如图 5-2 所示。

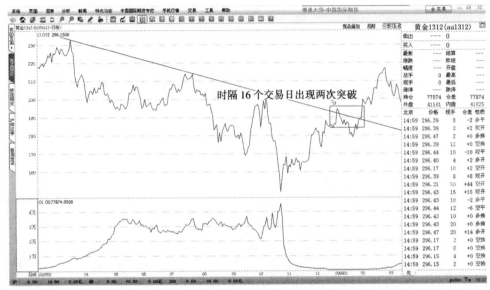

图 5-1　黄金 1312——多头突破

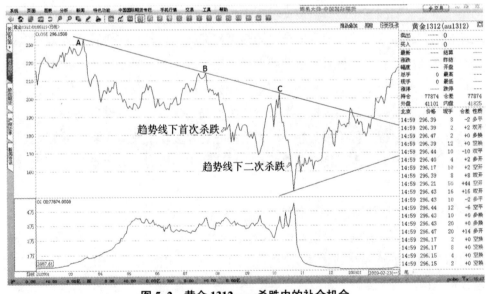

图 5-2　黄金 1312——杀跌中的补仓机会

黄金在企稳之前出现了多次杀跌的情况。从 A、B、C 三个价位开始的下跌幅度，每一次都有较大的提高，表明趋势反转确实来之不易，尤其是最后一次杀跌中，几乎是直线下挫的，这对做空的投机者来说是天大利好，但做多的投机者就不那么幸运了。不过既然金价在波动中不断杀跌，那么杀跌的过程中可以作为适当买入做多的机会。如果等金价真正企稳以后做多，那么风险就非常高了。而价格杀跌并且创新低的过程中，显然可以适当做多，以便在金价真正突破下跌趋势线之时盈利。

美白银 07——假突破与真买点，如图 5-3 所示。

图 5-3　美白银 07——假突破与真买点

美白银 07 的日 K 线图显示，价格的企稳回升可以说是一波三折。银价在下跌趋势线以下运行的时候，本来价格已经突破了下跌趋势线，却成为假突破的情况。白银价格二次回落以后，第二次突破下跌趋势线，才成为真正的做多机会。针对这一情况，投机者不是一次性投入资金做多，就可以在价格二次突破之时买涨并且赢得回报。

美白银 07——银价回调的买点，如图 5-4 所示。

当银价顺利突破前期压力线后，对应的支撑点 K、L 两个位置，还是不错的买点。在银价持续上涨期间，K、L 两个价位是非常理想的做多位置。白银价格从这两个位置反弹向上，累积上涨空间不断扩大。多头趋势线支撑银价回升，是重要看点。

美白银 07——历史性的反弹买点，如图 5-5 所示。

图 5-4　美白银 07——银价回调的买点

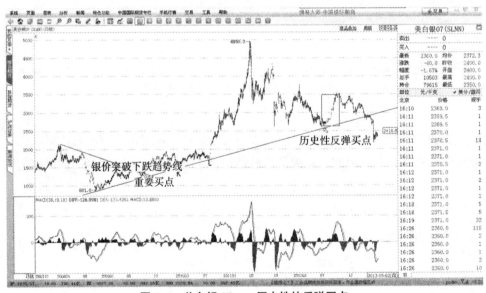

图 5-5　美白银 07——历史性的反弹买点

　　白银大幅度上涨以后，价格大幅度回落。而当银价最终回落至支撑线的时候，这一次的反弹成为重要的操作机会。在银价最终跌破支撑线以前，技术性的反弹出现了。图 5-5 中银价大幅度回升的走势，显然就是银价大跌前的一次做多盈利机会。

二、空头行情卖点

在空头趋势中，连接金价反弹高位能够得到一条压制金价反弹的压力线。压力线一旦被确认有效，金价反弹绝不会轻易突破压力线上涨。在两个持续时间长达三个月以上确认的金价反弹高位，连接起来可以构成有效的压力线。黄金价格可以在压力线以下震荡走低，投机者可以在金价反弹至压力线的那一刻做空获利。也可以在价格反弹幅度较大的情况下，逐渐增加做空资金量，以便在价格二次回落阶段获得做空回报。

考虑到金价的下跌趋势中，价格的下跌节奏可能会出现改变，首先确认的压力线对价格走势的影响可能不会太强。一旦金价向上突破了压力线，投机者应该尽快确认新的压力线，以便指导今后的操作方向。金价既然已经进入下跌趋势，不可能因为短线反弹轻易结束。当新的压力线被确认有效后，投机者选择在价格接近下跌趋势线阶段做空可获得利润。

黄金 1312——突破与回抽卖点，如图 5-6 所示。

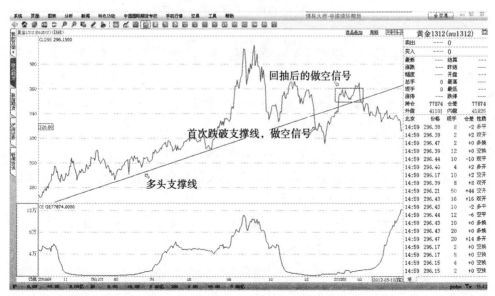

图 5-6 黄金 1312——突破与回抽卖点

黄金见顶回落的过程中，加上本身已经跌破了上升支撑线，但是黄金的技术性反弹还是促使价格重新回升至支撑线以上。当金价完成了双顶形态，开始逐步震荡下挫的时候，成为有效的做空时机。考虑到金价处于支撑线以下，这个位置的做空还是比较好的，投机者更容易获得利润。

黄金1312——反弹高位的卖点，如图5-7所示。

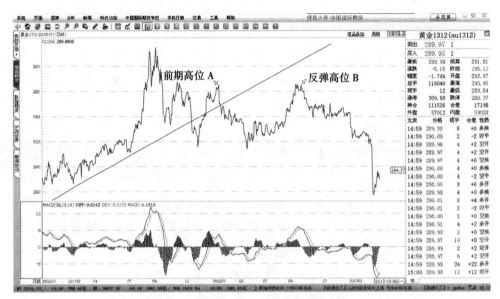

图5-7 黄金1312——反弹高位的卖点

黄金1312合约在支撑线以下不断走弱，虽然金价出现了反弹的情况，并且价格反弹至前期高位附近，显然是做空的又一次机会了。黄金价格在高位见顶的时候，投机者完全有可能提前预测到这一次的做空机会。金价在类似的价格高位见顶回落，成为非常有效的做空时机。

美白银07——下跌趋势线的压力位卖点，如图5-8所示。

美白银07合约收盘走势显示，下跌趋势线已经得到确认的情况下，白银的卖点已经非常明确。银价短线反弹至下跌趋势线附近，而价格见顶回落瞬间形成。这表明，下跌压力线的阻力很大，投机者从这个价位做空的获利空间很大。

美白银07——次高位卖点，如图5-9所示。

美白银价格大幅下挫，虽然图中银价短线突破了下跌趋势线，并不是下跌趋势结束的信号。同样的反弹走势中，银价反弹高度还未真正达到前期高位，就已经开始震荡下挫了。从做空的角度看，投机者能够轻松发现银价反弹到相似高度的做空机会。

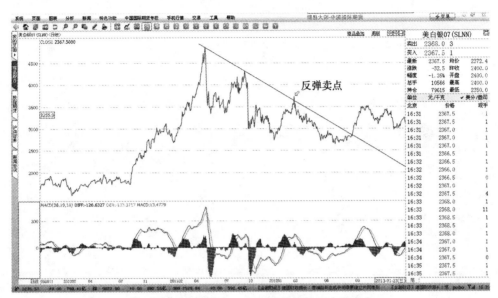

图 5-8　美白银 07——下跌趋势线的压力位卖点

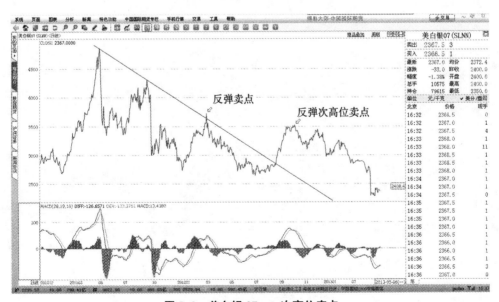

图 5-9　美白银 07——次高位卖点

第二章 黄金、白银的八浪循环分析

一、历史价格的八浪循环

价格波动情况虽然复杂多变，却也会严格遵守价格波动的一般规律，八浪循环规律就同样适用价格的长期运行趋势。在判断价格运行的宏观趋势的过程中，艾略特八浪循环形态是不可能越过去的坎儿。只有通过对价格八浪循环形态的充分分析，才能了解价格波动的基本趋势和主要买卖机会。仅从 2008 年底开始的牛市行情来看，价格突飞猛进的暴涨情况，就能够使用八浪循环形态概括价格的基本走向。

在艾略特八浪循环形态中，前五浪是多头趋势中的浪，而后三浪则是空头行情中的三浪。重要的买点一般出现在前五浪中，而最终的做空机会则会在最后三浪延续。实战操作当中，投机者在最可能低的价位上买入价格期货，并且持有多单直到 5 浪见顶，是最为明智的做法。即便不是长期持有多单，中短线中 1 浪、3 浪和 5 浪的上涨空间较大，也是投机者获利的重要时机。一旦银价完成多头趋势中五个浪，接下来的回落三浪的做空利润也非常丰厚。如果投机者对八浪循环的转变过程非常熟悉，把握好各浪转换的重要操作机会，获利空间非常可观。

黄金 1312——金价的八浪循环，如图 5-10 所示。

黄金 1312 合约的日收盘线走势中，黄金价格经历了长时间的上涨，完成了从 1 浪到 c 浪的八浪循环走势，显然成为投机者重要的做空时机。事实上，黄金价格的这种八浪循环变化中，其间的操作机会是很多的。价格持续飙升的过程中，主要多头趋势中的拉升浪，以及空头趋势中的下跌浪，分别成为重要的做多和做空时段。

图 5-10　黄金 1312——金价的八浪循环

美白银 07——银价的八浪循环，如图 5-11 所示。

图 5-11　美白银 07——银价的八浪循环

从美白银的 07 合约走势来看，投机者也可以发现类似的八浪循环形态。价格虽然长期上涨后冲高回落，也逃不过八浪循环的走势。如果投机者能够明确八浪的形态特征以及价格的波动规律，各浪转换的起始点便是不错的开仓机会。相比黄金的走势，白银的八浪循环中，价格波动空间更大一些，投机者开仓更容易获利。

二、主升浪做多机会

黄金 1312——3 浪的买点，如图 5-12 所示。

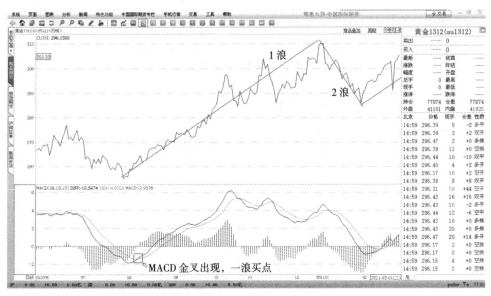

图 5-12　黄金 1312——3 浪的买点

黄金 1312 合约的收盘价格线中，金价完成 2 浪的调整走势就会进入 3 浪的回升趋势中，理应成为投机者重要的做多机会。图中的 2 浪中，金价的调整空间并不是很大，而价格触底回升的效率很高。如果没能把握最佳买点，在黄金反弹后的调整中依然有机会开仓。3 浪中黄金上涨潜力很高，是投机者盈利的重要推动浪。

黄金 1312——5 浪买点，如图 5-13 所示。

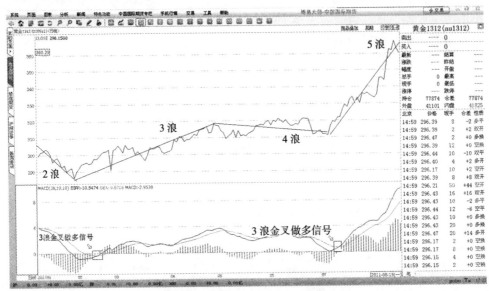

图 5-13　黄金 1312——5 浪买点

图 5-13 中显示的 4 浪到 5 浪转换中，也是投机者做多获利的机会。黄金在 3 浪中上涨空间虽然较大，但是 5 浪中的冲高也不容忽视。事实上，多方资金经常会在 5 浪中发起猛烈攻势，致使价格短线大幅度飙升，因此投机者不能错过。4 浪到 5 浪的转换中，价格很短时间出现了反弹，投机者可以在价格反弹以后做多。

三、主跌浪做空机会

黄金 1312——a 浪、c 浪卖点，如图 5-14 所示。

黄金 1312 合约的调整浪中，从 a 浪到 c 浪都是不错的做空时机。a 浪来得比较快，5 浪的反转形态能够提供不错的做空机会。而接下来的 b 浪反弹幅度虽然较大，依然不能改变黄金的下跌趋势，接下来 c 浪的下跌空间非常可观，而该浪经常以复杂的浪构成，因此投机者可以长时间持有空单获得利润。

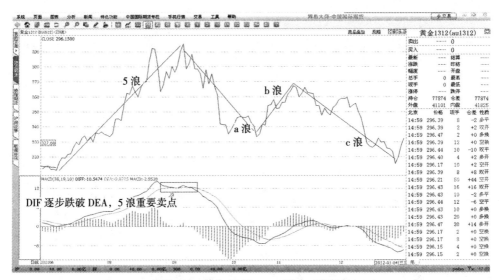

图 5-14　黄金 1312——a 浪、c 浪卖点

第三章 黄金、白银的反转形态分析

一、简单突破的反转形态

价格波动过程中，见顶的反转形态可以是大阳线、大阴线触发的突破信号，投机者可以据此开仓获得收益。当价格稳定运行的时候，大阴线或者大阳线突破会在某个时刻出现。这个时候，趋势的运行将遇到很多困难，投机者可以根据大阳线或者大阴线的突破方向，考虑开仓获利。

在价格持续上涨的时候，价格冲高回落的起点往往是大阴线开始的。一根大阴线的下跌空间很大，价格在短时间内便快速杀跌，成为投机者做空的机会。从日 K 线图来看，大阴线的下跌可以造成实质意义上的向下突破信号。投机者据此采取做空措施必然获得高额回报。

在价格下跌的时候，价格跌幅过大的时候总能出现反弹走势。一旦反弹幅度过大，并且形成一根实体很长的大阳线，将是投机者做多获利的信号。大阳线突然出现，必然在短时间内打破空方持续做空的趋势。大阳线突破的 K 线形态越多，价格向上的反弹越是有效。投机者趁机做多获利必然成功。

黄金 1312——岛型反转的买点，如图 5-15 所示。

黄金 1312 合约的日 K 线图中，金价的下跌走势还是很明显的，但是价格短线反弹的情况应该引起投机者关注。两根小 K 线仅仅维持了两天，就出现了跳空上涨的情况。很显然，已经构成了简单的岛型反转形态，是投机者非常重要的做多机会。如果黄金价格在这个时候持续反弹的话，这个位置一定是理想的做多时机。

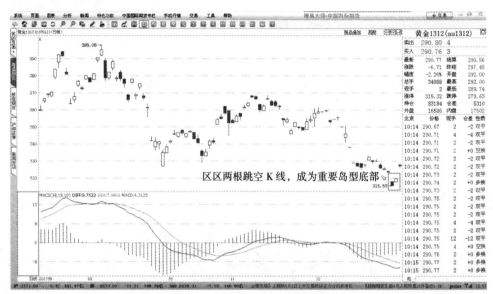

图 5-15 黄金 1312——岛型反转的买点

黄金 1312——做多可获利丰厚，如图 5-16 所示。

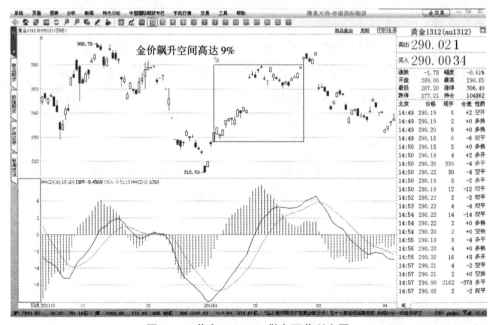

图 5-16 黄金 1312——做多可获利丰厚

黄金 1312 合约的上涨趋势明显，价格持续回升起源于底部的岛型反转形态。

简单的两次不同方向的跳空，就提供了不错的做多信号。把握住这次做多机会，黄金价格上涨 9% 以上的利润自然能够获得。岛型反转形态以上，黄金的飙升幅度很大，并且价格始终持续回升，中途并没有较大回落，这也有助于投机者做多获利。而期间出现的跳空上涨缺口，更是瞬间放大了投机者的盈利空间。

现货白银 9097——影线很长的支撑位，如图 5-17 所示。

图 5-17 现货白银 9097——影线很长的支撑位

现货白银 9097 的日 K 线图中，银价直线下挫的时候，第三根大跌的 K 线是以十字星结束的，表明白银短线受到了强支撑。从抢反弹的角度看，图 5-17 中十字星是个非常不错的盈利机会。投机者若能在图中开仓做多，银价短线反弹中可以获得不错的回报。虽然做多是逆势操作，但是十字星的强支撑显然值得投机者这样做。

现货白银 9097——短线开仓机会很多，如图 5-18 所示。

现货白银 9097 的日 K 线图中，银价的反弹空间有限，但是价格下跌的幅度也非常小，投机者还是有机会做多开仓。白银短线反弹还未真正出现，这个位置开仓的话，等待银价反弹并且靠近均线的过程中，投机者能够获得利润。

现货白银 9097——银价短线反弹如，图 5-19 所示。

图 5-18　现货白银 9097——短线开仓机会很多

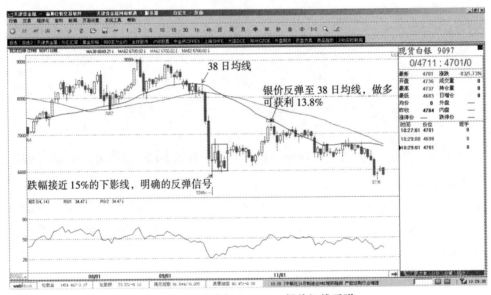

图 5-19　现货白银 9097——银价短线反弹

现货白银 9097 的日 K 线图中，银价反弹走势非常明确，投机者在十字星处开仓后获利空间高达 13.8%。这就是白银杀跌后的技术性反弹，值得投机者做多赢得利润。在白银持续下跌的空头趋势中，投机者不会随时随地都能发现较好的做空机会。而技术性反弹走势，恰好是空头趋势中简短的强反弹盈利，投机者可以投入少量资金参与。

现货白银 9097——大阴线的卖点，如图 5-20 所示。

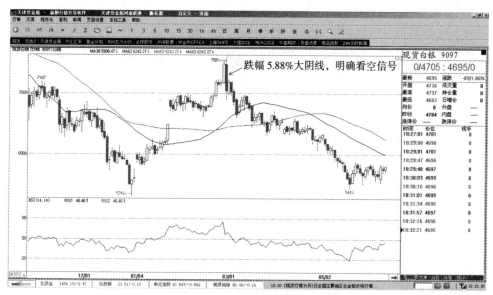

图 5-20 现货白银 0907——大阴线的卖点

现货白银 9097 的日 K 线图中，银价单根大阴线形成，银价的反弹从这个位置结束。接下来的操作很简单，随着大阴线来开仓做空自然容易获利。白银的下跌很明确，大阴线的做空机会也必将理想。当投机者持仓以后，等待银价缓慢下跌的时候，利润会不断放大。

二、复杂突破的反转形态

复杂的反转形态，是价格折返的重要形态。相比较简单的大阳线、大阴线突破时候完成的反转走势，复杂的反转形态是更为可靠的操作形态。比较复杂的反转形态中，可以有几个反转的底部（或者顶部）。当价格突破反转形态的颈线以后，突破信号就会形成，投机者趁机操作可获得不错回报。复杂反转形态被突破的过程中，反转形态的颈线必然首先被突破。反转形态的颈线阻力可以非常强，但是突破早晚会出现。投机者可以在价格达到颈线的时候密切关注价格走向，一旦突破有效形成，立即开仓可获得利润。

实战当中，反转形态可以非常复杂，但是突破颈线的走势却显而易见。只要形态上看来能够有效突破颈线，无论多么复杂的形态，操作机会都是存在的。当价格快速突破颈线的时候，价格的任何折返都将无济于事。顺应价格突破颈线的方向开仓，就能够获得不错的利润。

黄金 1312——三角形的企稳信号，如图 5-21 所示。

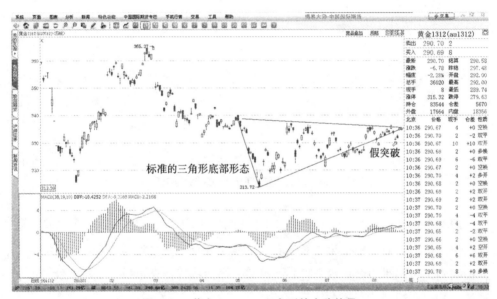

图 5-21　黄金 1312——三角形的企稳信号

黄金 1312 合约的触底反弹走势中，黄金价格的反弹向上很显然是不错的做多时机。当金价震荡上行的时候，三角形的底部形态形成。三角形的上线几乎是水平的，一旦出现向上突破的阳线，那么投机者紧跟着做多自然获利。越是这种复杂形态中获得支撑并且反弹上涨的走势中，价格上涨潜力会更高。

黄金 1312——跳空突破可买涨，如图 5-22 所示。

仅仅以两次明确的跳空上涨开始了多头趋势。黄金短线反弹上涨的时候，两个缺口提供的支撑很大。跳空后金价调整的空间有限，表明仅仅继续上行不可阻挡。投机者若能加仓买入黄金期货，后市依然能够获得利润。

黄金 1312——后市金价狂飙，如图 5-23 所示。

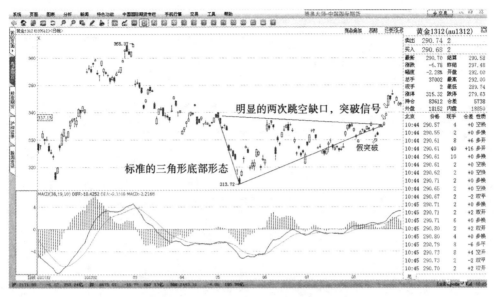

图 5-22 黄金 1312——跳空突破可买涨

图 5-23 黄金 1312——后市金价狂飙

黄金 1312 合约的反弹很大，金价继续上涨的高度已经明显高于三角形调整形态的波动空间。这样，复杂三角形提供的盈利空间惊人得高。随着黄金的继续反弹上涨，本来是空头趋势中的做多利润会再次放大。复杂的反转形态持续时间很长，在价格向上突破之前，投机者完全有时间发现并且把握住开仓时机。复杂反转形态提供的盈利空间很大，这也对投机者的开仓获利有很大帮助。

现货白银 9097——平行线中的卖点，如图 5-24 所示。

图 5-24　现货白银 9097——平行线中的卖点

现货白银 9097 在震荡下挫的过程中，价格还未达到平行线中的压力线，白银就随之出现了调整的情况。随着银价的下跌调整，投机者可以提前做空白银获利。既然白银的反弹高度已经打折扣，那么接下来银价跌破下方支撑线的概率很大，这也有助于投机者盈利。

现货白银 9097——价格跌破支撑线的卖点，图 5-25 所示。

现货白银 9097 的下跌幅度的确很大，价格一次性跳空并且跌破了支撑线。即便图中白银出现反弹上涨的走势，投机者依然能够做空获利。白银的短线反弹也只是弱势调整的情况，投机者在这个位置上做空获利容易实现。任何的行情都是在蓄势中完成的，白银的下跌同样如此。白银跳空下跌以及横向弱势调整的走势，都是为今后的加速回落创造条件。投机者应该把握住这个时候的盈利机会，做空便能够获得利润。

现货白银 9097——加速回落的做空机会，如图 5-26 所示。

图 5-25　现货白银 9097——价格跌破支撑线的卖点

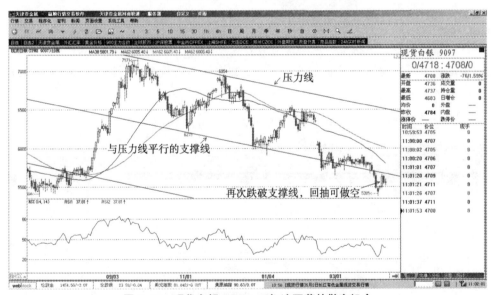

图 5-26　现货白银 9097——加速回落的做空机会

　　现货白银 9097 短线跌破了支撑线，银价出现了回抽的动作，也是个不错的做空机会。价格的下跌空间不大，但是银价显然已经处于支撑线以下。在没有支撑的情况下，恐怕白银还是会加速杀跌的。一旦白银加速回落，没有做空的投机者，将丧失短线获得高额回报的机会。

　　现货白银 9097——回抽依然可做空，如图 5-27 所示。

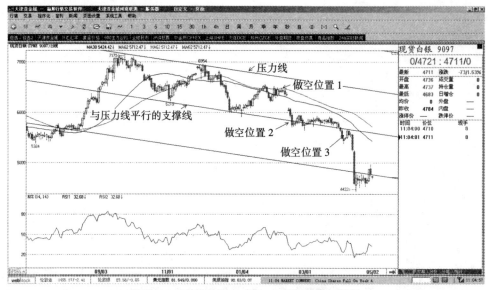

图 5-27　现货白银 9097——回抽依然可做空

白银的杀跌就像预料的那样出现了，银价的下跌空间很大，投机者做空已经获得不错的回报。从现货白银的走势看，下跌趋势中价格在逐步加速回落。其间白银虽然也曾出现了反弹的走势，但是反弹空间不断收缩，而每一次银价的下跌空间都是在加速中完成的，这一点值得投机者关注。

现货白银 9097——高位反转形态的卖点，如图 5-28 所示。

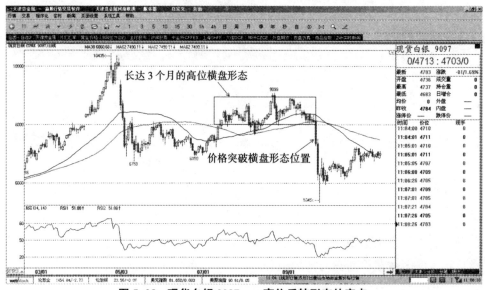

图 5-28　现货白银 9097——高位反转形态的卖点

　　在长达 3 个月的横盘运行形态被跌破以后，现货白银的跌势从此打开。白银大幅度杀跌的走势仅仅在两根大阴线中完成，说明银价的下跌成为主要趋势。今后白银的反弹虽然也会有，但是这个高位调整形态绝不会轻易达到。反转形态成为重要的压力位，是之后投机者做空的重要起始点。

　　现货白银 9097——反转形态以下银价反弹卖点，如图 5-29 所示。

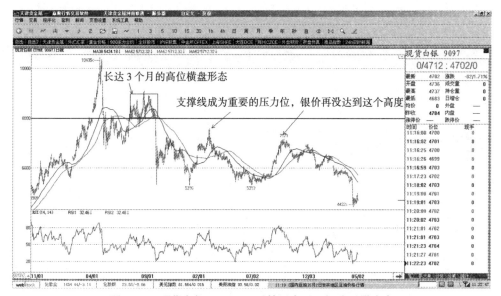

图 5-29　现货白银 9097——反转形态以下银价反弹卖点

　　现货白银的日 K 线图中，银价先后两次出现较大反弹走势，价格都未曾达到前期高位，表明我们的判断是正确的。白银价格的高位调整时间长达 3 个月，被跌破以后，投机者可以利用银价反弹到这个高度的时候做空获得利润。面对压力位，白银的冲高回落几乎没有任何理由可言。白银反弹的高度不容易判断，但是价格的下跌总会出现的。结合反转形态以及前期压力位判断，做空获利并不困难。

第六篇

重要经济指标分析

——有效预测价格涨跌

第一章　美元指数变化

一、美元指数简介

美元指数的历史。能够综合反映美元这个货币在国际外汇市场的汇率情况的指标，就是美元指数。用来衡量美元汇率的货币，是选定的"一揽子"特定的货币。被选定的货币对应的国家中，都是与美国的外贸关联很强的，基本上反映了美元的强弱水平。从美元的强弱，又能够表现美国在价格成本上表现的出口竞争力强弱和进口成本的大小。

著名的美国芝加哥商品交易所或芝加哥商业交易所，都不是美元指数的来源地。而最古老的商品交易所——纽约棉花交易所，是美元指数的发源地。纽约棉花交易所是当时全球最重要的棉花期货和期权交易所。早在1985年的时候，纽约棉花交易所成立了金融部门，正式进军全球金融商品市场，首先推出的便是美元指数期货。

美元指数相当于著名的道·琼斯工业指数，也是一种用加权形式计算出来的指数。相比道·琼斯工业指数，美元指数是由10种类主要的货币对美元汇率变化的几何平均加权值来计算的。美元指数的基准报价，是1973年3月计算的美元指数的数值。如果当期美元指数是80的话，是指从1973年3月以来，美元指数下降了20%。

1973年的3月，显然是非常不平凡的一天。也就是从这一天起，外汇市场出现了重要的转折，主要的贸易国从此允许本国的货币相对于别国的货币进行浮动报价的形式，从而取代了统治时间长达29年之久的布雷顿森林体系。

美元指数的影响因素。美元指数上涨，说明美元与其他货币的比值上涨，也就是说美元升值。鉴于国际上主要的商品多数以美元计价，那么对应的商品价格必然是下跌的。

美元升值对提高货币的购买力，是有一定的帮助的，但对出口行业也有很大的冲击，货币升值会提高出口商品的价格。而美元指数下跌的话，则有助于提高国内商品的竞争力，提高出口。影响美元指数的因素很多，总的来看有以下几个重要的方面：

1. 美国联邦基金基准利率

美国联邦基金基准利率的涨跌，明显影响着美元指数走势的强弱。如果美国联邦基金基准利率上升，那么美元就会有走强的迹象；相反，美元则会走弱。通过调整美国联邦基金基准利率，达到控制美元强弱的目的，其实是比较不错的做法。事实上，强势美元和弱势美元的很大不同之处，就是美国联邦基金基准利率的不同。政府可以通过调升或者调降基准利率，来影响美元指数，并且服务于国内经济。

2. 贴现率

商业银行因紧急情况向联邦储备局申请贷款，而联邦储备局会收取一定的利率，就是贴现率。贴现率虽然不是联邦基金基准利率，却是个明显的象征性的利率指标，其变化反映了政策信号的方向。贴现率的涨跌对美元指数，与联邦基金基准利率对美元指数的影响相似，判断美元指数的走向不可能忽视这种影响。

3. 30 年期国债

30 年期国库券，也称为长期债券，是市场衡量通货膨胀情况的最为重要的指标。通货膨胀的情况下，投资者对投资需求预期会增加，相应的 30 年的国债必然会下降以便提高收益率水平。国债收益率的增加，对美元指数来说是一种压力。30 年国债的上升会打压美元指数；相反，对美元指数来说是一种支撑。

4. 经济数据

美国重要的经济数据包括：国内生产总值 GDP、劳动力报告、消费价格指数

CPI、生产者价格指数 PPI 以及房屋开工等。经济数据如果持续向好的话，联邦政府就有加息的可能性，加息之后必然是美元指数的走强。而经济数据不好的时候就会降息，对美元指数的打压也是不容忽视的。

5. 股市

美国重要的三个股票指数（道·琼斯工业指数、标准普尔 500 指数和纳斯达克指数）中，道·琼斯工业指数对美元汇率影响最大。回顾过去的 20 年里，道·琼斯工业指数和美元汇率有着非常大的正关联性。

6. 欧元汇率

从美元指数参考的"一揽子"货币来看，欧元是权重非常大的一个货币了。欧元的走势是影响美元指数走势的重要因素。欧元的走强，意味着美元的趋弱。而弱势欧元当中，往往意味着更加坚挺的美元会出现。

美元指数的组成。美元指数期货的计算原则，以全球各主要国家与美国之间的贸易结算量为基础，以加权的计算方式体现出美元的整体强弱程度，并以 100 点为强弱分界线。在欧元出现后，美元指数期货合约的标的物进行了调整，从 10 个国家减少为 6 个国家，欧元快速成为最重要、权重最大的货币，其所占权重达到 57.6%，因此，欧元的波动对美元指数的强弱影响最大。在美元指数涉及的 6 个币种当中，从权重看依次是：欧元 57.6%、日元 13.6%、英镑 11.9%、加拿大元 9.1%、瑞典克朗 4.2%、瑞士法郎 3.6%。

美元指数的计算公式为：

$$USDX = 50.14348112 \times (EUR/USD)(-0.576) \times (USD/JPY)(0.136) \times (GBP/USD)(-0.119) \times (USD/CAD)(0.091) \times (USD/SEK)(0.042) \times (USD/CHF)(0.036)$$

其中，USDX 为美元指数、EUR/USD 为欧元兑美元汇率、USD/JPY 为美元兑日元汇率、GBP/USD 为英镑兑美元汇率、USD/CAD 为美元兑加元汇率、USD/SEK 为美元兑瑞典克朗汇率、USD/CHF 为美元兑瑞士法郎汇率。

注意：括号内为次方，比如说（EUR/USD）（-0.576）为（EUR/USD）的（-0.576）次方。

二、美元指数与黄金价格关系

美元之所以与金价呈现相关的走势，这主要有三个方面的原因：

（1）美元是当前国际货币体系的柱石，美元和黄金同为最重要的储备资产。虽然美元长期贬值，但是贬值的过程是非常曲折的。再次坚挺的走势经常会出现，在一定程度上削弱了黄金作为储备资产和保值功能的地位。美元和黄金就像两个争宠的孩子一样，一方受宠的代价必然是另一方的失宠。走势上看两者形成负相关的情况，自然不会有错。

（2）美国不仅在国内生产总值上处于世界第一，并且占据着世界 1/4 的产值。就算在对外贸易总额上看，也是排名世界第一的。可见，美国经济的好坏关系到世界经济的发展前景。美元的走势对黄金的影响，自然有其强大的经济做后盾的。美国经济走坏的时候，美元也很难维持坚挺，对应的黄金的避险功能就会发挥出来，美元和黄金的反向走势就会出现。

（3）世界黄金市场一般都以美元标价的，如果美元迅速贬值的话，对应的黄金价格会相对增加，两者的负相关性得到了体现。而一旦美元走强，作为美元标价的黄金价格想要维持在原来的价格，必然是价格回落的。

美元指数、美黄金 06——叠加图，如图 6-1 所示。

美元指数的日 K 线图显示，该指数与美黄金 06 合约的运行趋势截然相反，显示出两者背离运行的趋势长期延续。美元指数创新高的时候，黄金会相应地出现杀跌。而美元指数长期上行的过程中，美黄金 06 合约恰好逆势下挫。两者最终相交，并且逆势运行，表面投机者操作黄金的时候可以依据美元指数来判断买卖方向。

美元指数、美黄金 06——叠加图，如图 6-2 所示。

美元指数与美黄金 06 合约的叠加图中，同样的背离运行的情况，这一次黄金出现了类似的运行情况。美黄金 06 合约强势上涨，而对应的美元指数却震荡走低。美元指数历史低位 74.18 点出现在 2009 年 11 月 25 日，同时美黄金 06 合约见顶高位。一般来看，美元指数和黄金价格的涨跌幅度可以不一致，但是基本

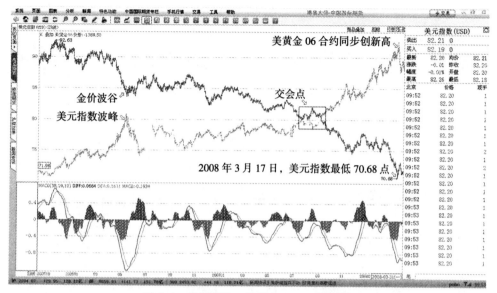

图6-1 美元指数、美黄金06——叠加图

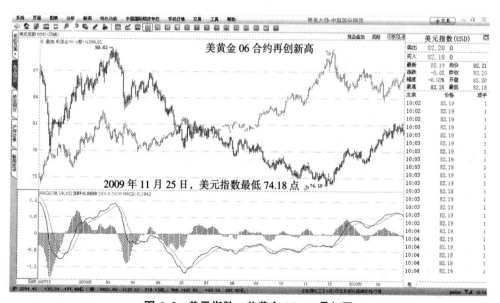

图6-2 美元指数、美黄金06——叠加图

运行趋势是相反的，这一点毋庸置疑。

美元指数、美黄金06——叠加图，如图6-3所示。

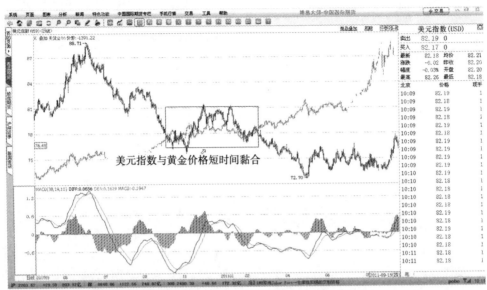

图6-3 美元指数、美黄金06——叠加图

美元指数和美黄金的叠加图中，两种价格指数的走势在图中所示区域相互叠加，显示出逆向波动的特征。美元指数在震荡中不断下挫，黄金则不断回升。值得一提的是，当美元指数下跌到一定程度后，黄金价格跳空上涨的趋势更为明确。投机者可以根据美元指数下跌的大趋势判断历史性的做多机会。

美元指数、美黄金06——叠加图，如图6-4所示。

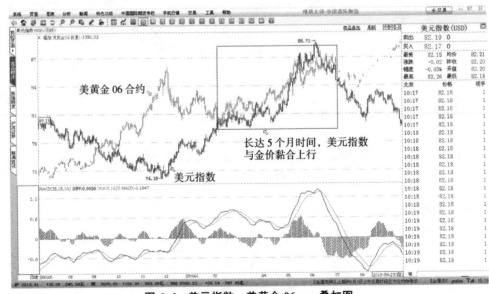

图6-4 美元指数、美黄金06——叠加图

美元指数、美黄金 06 合约的日 K 线图显示，两种价格在图中区域居然出现黏合的情况。也就是说，美元指数和黄金价格在短时间内达到了同步回升的走势，这种情况虽然比较少见，却实实在在存在着。这样一来，根据美元指数判断黄金价格走势的时候，投机者还需要添加其他方面因素，才能避免错误的买卖行为出现。

美元指数、美黄金 06——叠加图，如图 6-5 所示。

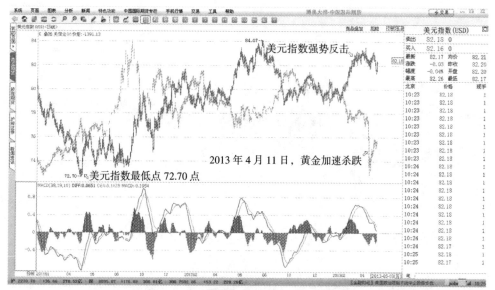

图 6-5　美元指数、美黄金 06——叠加图

美元指数与黄金 06 合约的走势逆向波动。图中黄金价格加速杀跌之时，正值美元指数短线持续走强的时期。黄金价格大幅度杀跌，显示出在美元指数短线暴涨后的背离趋势。美元指数和黄金价格的背离虽然存在，但是黄金何时会加速波动，还是不确定的。美元指数上涨空间过大的时候，黄金价格才开始逐步加速杀跌。判断操作机会的时候，从美元指数波动过程中的趋势，就能发现黄金何时会出现比较理想的操作信号。

三、美元指数与白银价格关系

美元指数、美白银07——叠加图，如图6-6所示。

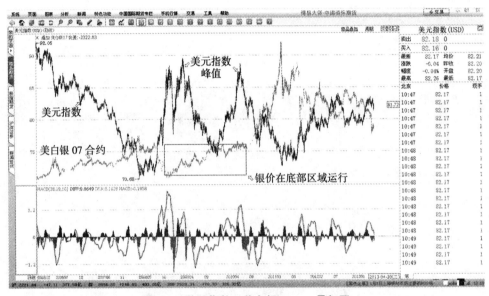

图6-6　美元指数、美白银07——叠加图

从美元指数与美白银的叠加图来看，白银价格处于底部区域之时，上涨空间并不是很大。虽然美元指数宽幅波动，并且出现了大幅度下挫情况，白银价格上涨空间却并未达到很高程度。这样看来，判断白银投机的操作机会，还需要抓住真正的买卖时机才行。

美元指数、美白银07——叠加图，如图6-7所示。

从美元指数与美白银07合约的表现来看，当白银价格大幅度上涨的时候，相应的美元指数也在持续回落。美元指数持续下跌，达到了72.70的历史低点，而对应的白银价格也在狂飙。美元指数与白银的这种逆向而行的走势，成为投机者操作的重要历史机会。白银价格疯狂上涨的幅度很大，成为历史上难得的一次盈利点。

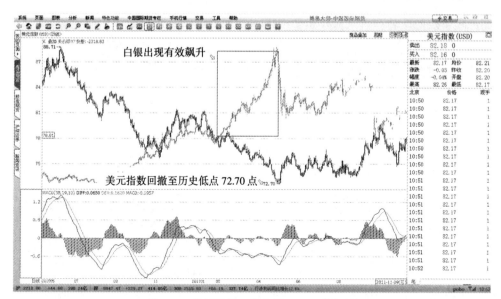

图 6-7　美元指数、美白银 07——叠加图

　　美元指数、美白银 07——叠加图，如图 6-8 所示。

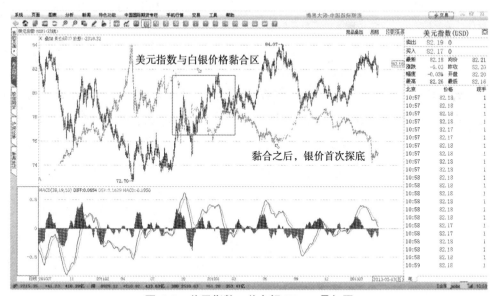

图 6-8　美元指数、美白银 07——叠加图

　　美元指数与美白银 07 合约的日 K 线图显示，两者波动方向相反，而叠加区域成为重要的操作位置。价格逆向而行的时候，叠加区域成为美元指数震荡回升

而白银下跌的反转点。从操作机会上来看，不得不说叠加区域显示出比较好的操作信号。在美元指数与白银价格叠加完成以后，两者逆向而行更为明确。

美元指数、美白银07——叠加图，如图6-9所示。

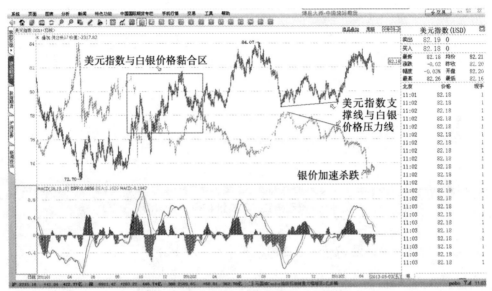

图6-9　美元指数、美白银07——叠加图

美元指数与美白银价格走势在背离的方向上运行。白银价格震荡下挫，反弹的高位并未与美元指数叠加，表明两者在不同方向上加速潜行。美元指数的支撑位不断被抬高，而相应的白银价格的高位不断下移。两者逆势而行成为常态。把握住白银的做空机会，关键在于发现美元指数的反弹底部。美元指数的底部区域，对应了白银的顶部，这是重要的操作机会。

第二章　CRB 指数变化

一、CRB 指数简介

CRB 指数。CRB 的全称是"Commodity Research Bureau Index"。在国际市场上，CRB 指数通常被简写为 CRBI，即"Commodity Research Bureau Index"的首字母组合。国内投资者通常翻译成"商品研究所"。

CRB 指数的来历，其实是在非常偶然的机会里被一位记者创建的。一个称为 Milton Jiler 的美国记者发现，华尔街日报关于商品期货价格的信息要远远少于股票信息。他认为，应该建立那么一种介绍期货价格走势的刊物，来表明商品期货价格的变化规律。这样，CRB 指数就应运而生了。Milton Jiler 和他的弟弟 Bill Jiler 成为该刊物的主要创办者。

CRB 最初的刊物是一份周刊，被称作《期货市场服务》。该刊物为投资者提供了非常丰富的有投资价值的信息，因此发行过程中销量是不错的。

在向投资者提供期货信息的过程中，CRB 期货价格指数成为《期货市场服务》里边重要的创新项目。Bill Jiler 最早对 CRB 指数进行研究，并且在 1956 年的时候开始着手编制这一指数。到了 1957 年，CRB 指数已经被正式发布出来。

最初发布的 CRB 指数由 28 个商品的价格所组成，除了白糖期货（包括 4 号糖和 6 号糖）以外，均为不同的期货品种。虽然 CRB 指数出现之前，已经有美国劳动统计局和道·琼斯发布的期货价格指数。终因为这两种期货价格指数都未赢得投资者的认可。CRB 指数最终得到经济学家和投资者的青睐，成为世界期货市场最为重要的期货价格指数。

CRB 指数构成。CRB 指数的组成并不是一成不变的，而是经历了十次重要的修改。自从 1995 年经历第九次修改以后，2005 年的时候，路透社与 Jefferies 集团旗下的 Jefferies 金融产品公司进行合作，对 CRB 指数进行第十次修改。修改后的 CRB 指数不仅将名称变为 RJ/CRB 指数，对指数涵盖的品种也由 17 种增加至 19 种之多。剔除了之前的铂金后，增加了无铅汽油、铝、镍 3 个品种。之前的 CRB 指数，包含的 17 个品种的权重是相同的，都为 1/17。而新的 CRB 指数则有不同的权重。

农产品：大豆（6%）、小麦（1%）、玉米（6%）、棉花（5%）、糖（5%）、冰冻浓缩橙汁（1%）、可可（5%）、咖啡（5%）、活牛（6%）、瘦肉猪（1%）

能源类：原油（23%）、取暖油（5%）、汽油（5%）、天然气（6%）

金属类：黄金（6%）、白银（1%）、铜（6%）、铝（6%）、镍（1%）

19 种商品大体上可以分为以下四类：

第一类：原油、取暖油和汽油；

第二类：天然气、玉米、大豆、活牛、黄金、铝、铜；

第三类：糖、棉花、可可、咖啡；

第四类：镍、小麦、瘦肉猪、冰冻浓缩橙汁、白银。

以上分类中，第一类是石油产品，总占比高达 CRB 指数的 33%，是比重较高的一类商品组合。第二类由 7 个高流动性商品组成，每种商品在 CRB 指数中占有的比例都为 6%。第三类由 4 个流动性商品组成，对应的每种商品在 CRB 指数中占有的权重都为 1%，虽然是占比较低的几种商品，却可以达到平滑 CRB 指数的作用，显然也是不可忽视的商品组合。

二、CRB 指数与黄金价格关系

CRB 指数是综合性的大宗商品价格指数，涵盖范围广泛，使该指数反映通胀水平很准确。而通胀水平高低向来是影响黄金价格走势的重要因素，投机者不得不对其重要性给予更多关注。

CRB 指数走高的时候，说明通胀水平会不断增强，黄金的抗通胀色彩注定了金价会持续攀升。当CRB 指数走低的时候，通胀水平会不断下降，那么投机者追逐买入黄金的举动会受到打压，金价自然会出现回落。

实际上，CRB 指数对于黄金价格来讲，是有先导性的。CRB 指数的波动在前，而黄金价格的变化在后，并且两者正相关。判断黄金价格走势的过程中，对于 CRB 指数不得不引起重视，毕竟大宗商品价格 CRB 的走势深刻影响通胀水平，是国际投机巨头时刻关注的问题。

CRB 指数运行的大趋势，反映了通货膨胀运行的趋势，同时也是黄金价格走势的基本运行方向。如果黄金价格的走势还未出现较大变化，那么根据 CRB 指数的运行情况，投机者就能够得出关于黄金波动过程中的重要操作机会。使用关于 CRB 指数和黄金价格指数的 K 线图，投机者就能够发现重要的操作机会。

CRB 指数、美黄金 06——叠加图，如图 6-10 所示。

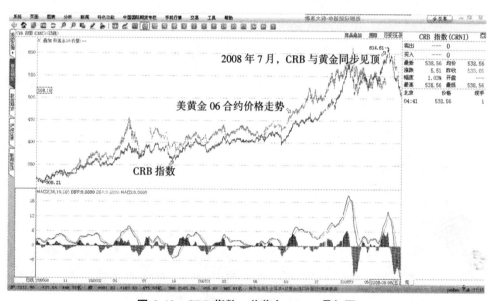

图6-10　CRB 指数、美黄金 06——叠加图

CRB 指数的日 K 线图中，价格持续回升的过程中，黄金 06 合约同步上升。当 CRB 指数成功见顶之时，相应的黄金 06 合约也从高位回落。CRB 指数虽然是反映大宗商品价格总体运行趋势的指标，对于黄金价格走势的判断有很强的指导作用。

CRB 指数、美黄金 06——叠加图，如图 6-11 所示。

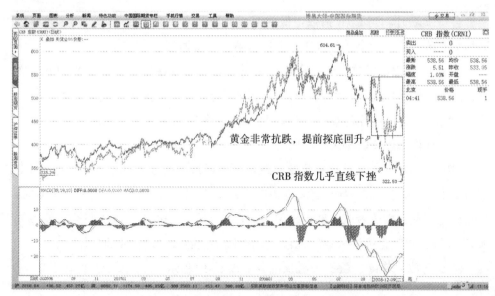

图 6-11　CRB 指数、美黄金 06——叠加图

　　CRB 指数与美黄金 06 合约的日 K 线叠加图显示，黄金价格与 CRB 指数同步下挫，但是 CRB 指数的下跌空间更大，而相应的黄金价格先于前者出现了反弹的走势。这表明，行情不好的时候，黄金的保值功能还是很强的。不像多数大宗商品那样疯狂下跌，美黄金价格走势要强势得多。不过，判断黄金真正回升的时刻，从 CRB 指数就能够发现。一旦 CRB 指数真正企稳回升，黄金价格必然走强。

　　CRB 指数、美黄金 06——叠加图，如图 6-12 所示。

　　CRB 指数与美黄金 06 合约的叠加图显示，黄金价格短期上涨空间虽然较低，但是累积上涨幅度并不低。当 CRB 指数见顶回落的时候，黄金价格还是处于上升阶段。这样看来，黄金价格在抗跌性方面显然要强于 CRB 指数。判断黄金的历史性顶部，可以参考 CRB 指数。如果 CRB 指数已经从历史高位回落，那么黄金价格的下跌也就为时不远了。

　　CRB 指数、美黄金 06——叠加图，如图 6-13 所示。

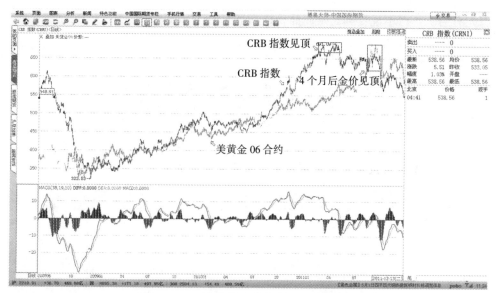

图 6-12 CRB 指数、美黄金 06——叠加图

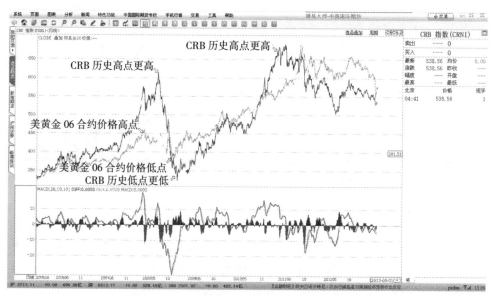

图 6-13 CRB 指数、美黄金 06——叠加图

CRB 指数与美黄金 06 合约的日 K 线图中，价格波动情况显示了 CRB 指数的历史低点更低，而指数的高位相应地也更高一些，表明商品价格总体涨跌幅度要强于黄金的波动空间。这对于实战投机来讲，是个重要的操作信号。CRB 指数可以达到高的波动空间，反转以后是投机者操作黄金的重要信号。黄金价格反转

有先有后，不得不说受到大宗商品价格指数 CRB 的影响。

三、CRB 指数与白银价格关系

CRB 指数、美白银 07——叠加图，如图 6-14 所示。

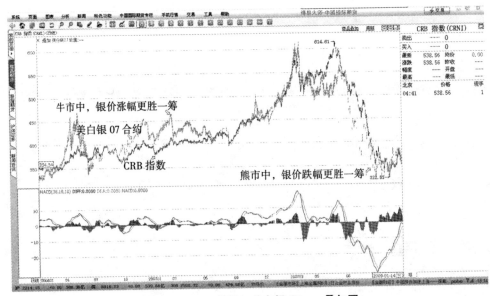

图 6-14　CRB 指数、美白银 07——叠加图

　　CRB 指数与美白银的叠加图显示，价格上涨和下跌的过程更为相似。从历史高位和价格低点来看，两者几乎是重合的。不同的是，白银价格的波动空间更大，相比较 CRB 指数更能提供较大的操作机会。也就是说，白银是大宗商品中典型的活跃品种。从白银的价格波动中获得的利润，要远远多于其他大宗商品提供的盈利空间。

　　CRB 指数、美白银 07——叠加图，如图 6-15 所示。

　　CRB 不断上升的过程中，白银价格的上涨幅度虽然相似，但是白银上涨的空间较大。大体上讲，美白银 07 合约的波动潜力与 CRB 指数相似，都在多头趋势中达到了很大高度。

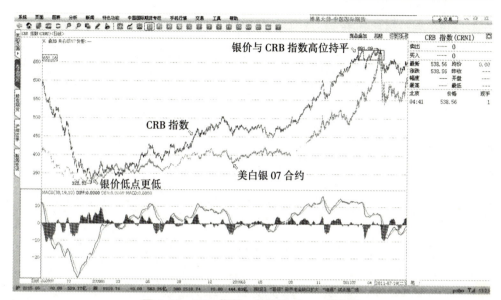

图 6-15　CRB 指数、美白银 07——叠加图

CRB 指数、美白银 07——叠加图，如图 6-16 所示。

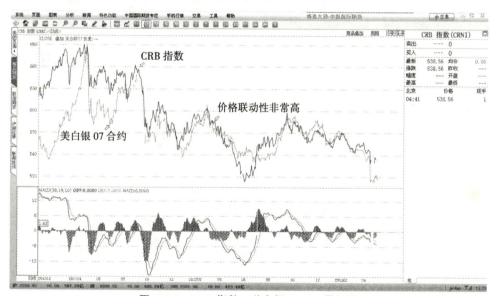

图 6-16　CRB 指数、美白银 07——叠加图

CRB 指数与美白银 07 合约的叠加图显示，收盘价格走势的相似性很强。白银价格波动强度虽然很高，CRB 指数运行情况也比较强势。这显示出两者不分伯仲的价格波动幅度。从运行趋势来看，如果根据 CRB 指数的波动方向来判断白

银的价格走势，很容易发现银价的操作机会。

CRB 指数、美白银 07——叠加图，如图 6-17 所示。

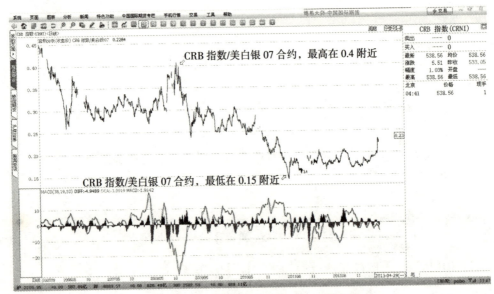

图 6-17　CRB 指数、美白银 07——叠加图

CRB 指数与美白银 07 合约的比值来看，数值始终是下降的情况。该比值的波动范围在 0.4~0.15 之间，表明白银价格的波动强势高于 CRB 指数。实战当中，白银的价格波动强度大，投机者应该注意其操作风险。

第三章　石油价格

一、石油价格简介

为了规避原油价格波动造成的不利影响，各国推出原油期货合约也是大势所趋。国际上重要的原油期货合约有：纽约商业交易所（NYMEX）的轻质低硫原油即"西得克萨斯中质油"期货合约、高硫原油期货合约、伦敦国际石油交易所（IPE）的布伦特原油期货合约和新加坡交易所（SGX）的迪拜酸性原油期货合约。

原油期货合约反映了油价涨跌的情况，是投资者经贸上可以参考的权威价格。通过期货标准化合约设置，期货合约可以进行买卖，而反映出来的油价走向权威性很高。

历史上的石油危机对油价涨跌影响很大，最初也是规避价格波动风险、稳定石油价格的涨跌走势，才出现了原因期货合约。

原油作为世界上重要的大宗商品，价格走向一直是各国关注的重点。权威的原因价格走势，反映了供需变化情况以及世界经济运行趋势。当然，在判断黄金价格走势的过程中，原油期货价格涨跌变化同样提供不错的信号。毕竟世界原油需求量很高，油价涨跌表明了经济运行成本高低，是影响经济走向和通胀水平的重要因素。经济走向和通胀水平正是影响黄金价格波动的因素，因此，投资者不得不深刻关注油价涨跌对黄金价格走势的影响。

二、美原油期货价格与黄金价格关系

黄金是稀有的商品而原油是大宗商品，两者都以美元计价的情况下，价格上体现出正相关的关系。可以说，黄金和原油价格是以美元联系在一起的，而两者之间互相影响，也是通过美元来起作用的。

简单地理解，油价与黄金价格之间的关系应符合以下规则：油价上涨——美元指数下降——持有美元的投资者抛售美元——避险情绪推高黄金价格——黄金价格上涨。如果油价下跌的话，会反向影响原油价格走势。

当然，这是不考虑其他因素的情况下，来判断原油和黄金价格之间的走势关系。实际上，原油价格和黄金价格的影响因素很多，从简单的二者走势关系，可以这样来进行判断。

原油和黄金价格之间存在一种正相关的关系，投资者可以据此来判断实际的买卖机会。特别是在原油价格大幅度波动，而黄金价格波动空间不高的情况下，二者的正相关性必然导致金价出现同样的波动。这样一来，投机机会其实就在二者同步运行的时候形成了。

从原油价格涨跌对美国经济的影响上看，油价上涨必然导致美国经济止住了下降。一般看来，油价每上涨 5 美元，就将削减全球经济增长率 0.36 个百分点，而对美国经济的影响将多达 0.4 个百分点。当油价持续飙升的时候，美国经济必然走弱，这也将打压美元指数。最终避险作用会促使黄金价格同步走强，原油价格影响黄金价格的通道形成。

最终看来，原油价格波动方向与黄金价格波动方向应该是一致的，两者同步上涨或者下跌，成为投机者判断买卖时机的重要依据。

美原油 06 合约、美黄金 06 合约——叠加图，如图 6-18 所示。

美原油 06 合约与美黄金 06 合约的叠加图显示，原油的波动强度要高于白银的波动。从运行趋势来看，两者的波动方向是一致的。除了局部时间段存在背离走势，大部分时间里都是同方向运行的。这样看来，判断黄金价格走势的时候，原油期货合约能提供不错的参考。针对历史高位和低点的判断，原油期货价格更容易出现较强的上涨或者下跌。一旦原油期货价格出现转向，那么黄金价格的走势也必然跟随原油价格走势运行。

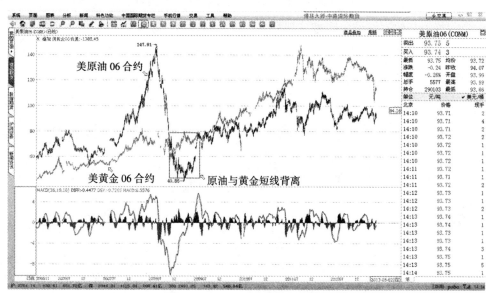

图 6-18　美原油 06 合约、美黄金 06 合约——叠加图

美原油 06 合约、美黄金 06 合约——叠加图，如图 6-19 所示。

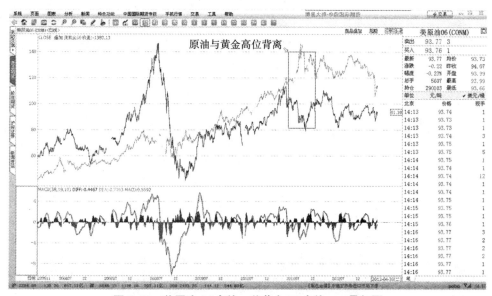

图 6-19　美原油 06 合约、美黄金 06 合约——叠加图

从美原油 06 合约与美黄金 06 合约的叠加图看来，两者的波动趋势也是一致的。不过黄金期货 06 合约在局部时段继续走强，显示较大的弹性。像这种短期的背离情况，持续时间并不是很长。随着背离的消失，原油价格与黄金期货价格的表现趋于一致。操作上看来，把握好原油价格的变化趋势，有利于开仓摒弃获得黄金投机中的利润。作为商品期货，原油和黄金都属于大宗商品综合指数 CRB 的一部分。如此一来，原油期货价格与黄金期货价格的走势出现一致性，也非常容易理解。

三、美原油期货价格与白银价格关系

美原油 06 合约、美白银 07 合约——叠加图，如图 6-20 所示。

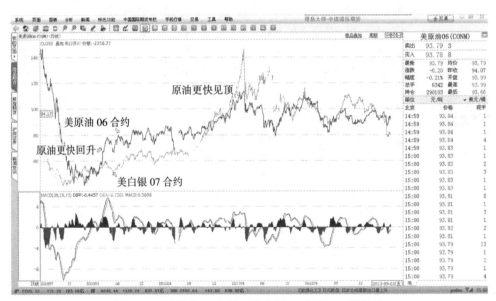

图 6-20　美原油 06 合约、美白银 07 合约——叠加图

从美原油 06 合约与美白银 07 合约的叠加图来看，白银的波动强度还是很大的。从历史低点来看，白银处于价格波动的底部。而对应历史高位上看，原油价格却没有达到更高的顶部，显示出原油和白银的走势虽然有很强关联性，波动强

度上不可相比。也就是说，原油价格的小幅波动，可能会导致白银价格比较强烈的反应，这在实际操作中非常重要。从止损和获利潜力上看，操作白银显然需要更大的止损位和更高的止盈空间。

美原油 06 合约、美白银 07 合约——套利图，如图 6-21 所示。

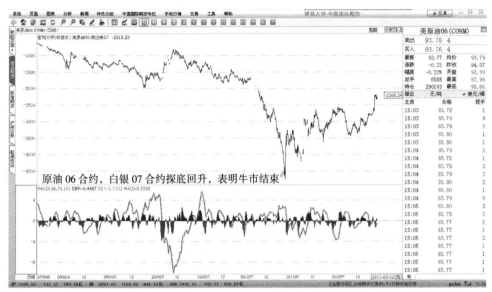

图 6-21 美原油 06 合约、美白银 07 合约——套利图

从美原油 06 合约和美白银 07 合约的套利图来看，两者价格相减以后得出的价格变化方向持续向上。而其中数值出现了探底回升的情况，表明白银价格的牛市行情已经结束。银价的波动强势要远远高于原油期货，图中数值探底回升表明白银和原油期货的上涨趋势结束，银价以更快的速度下跌的过程中，套利图必然表现出回升的情况，这也是判断操作白银机会的重要看点。

第四章 非农就业数据

一、非农就业数据简介

非农数据指美国非农就业率，非农业就业人数与失业率一同公布，公布时间通常为每月第一个周五。该数据反映了制造业和服务业的发展及其增长情况，当非农业就业人数增加时，说明消费和服务业就业机会增加，经济正处于扩张阶段。数字减少表明企业降低生产，经济增长率下降甚至进入萎缩阶段。非农业就业人数其实是就业报告中的一项，用于统计农业生产以外的职位变化情况。

非农就业数据是非常重要的一项基本面数据，深刻影响着股市、期货、外汇甚至贵金属价格的走势。非农数据的重要性，主要因为该数据提供了过去一周的就业情况，数据提供时间非常及时，帮助投资者了解关于就业市场和家庭收入方面的丰富信息，有助于预测经济走势。就业率高低影响着美国工人的收入，收入变动又影响着消费情况。考虑到家庭开支占经济总量的 2/3。这样一来，投资者判断非农就业数据变化，对投资有很大帮助。

二、非农就业指数与黄金价格关系

基本面的影响因素将如何影响下一步的走势？基本面中美元的走势至关重要，而影响美元走势的主要是美国的经济数据，美国经济数据中最重要的是非农就业数据。那么普通投资者如何应对非农数据对金融市场的震荡和冲击？接下来将结合自己对非农数据实战的经验给出一些金价如何对接非农数据影响的技巧。

黄金和美元的关系非常密切，用美元来标价的黄金价格，受到美元价格走势影响。美国黄金储备高达 8000 吨，是世界其他国家不能与之相比的。美元标的的黄金价格，自然前者对后者影响很大。从非农就业数据来看，该数据反映了经济走势的变化，能够直接影响美元并且通过美元涨跌影响黄金价格走势。

非农就业数据对黄金价格的影响，既体现在短期上，也体现在长期价格走势上。短期来看，黄金价格的涨跌受非农就业数据好坏影响。当非农就业数据向好的时候，表明经济稳定运行，美元指数获得支撑，同时黄金价格短线承压下跌。如果就业数据不如预期，那么经济走势不好，体现出黄金的避险功能。这时，黄金价格短线暴涨非常容易实现。

当然，非农就业数据对黄金价格长期走势影响也很大。就业数据的长期变化趋势，与黄金价格走势应该是相反的。就业数据长期回升，黄金价格会承压并且持续下挫。

美黄金 06 合约——2008 年的反弹走势，如图 6-22 所示。

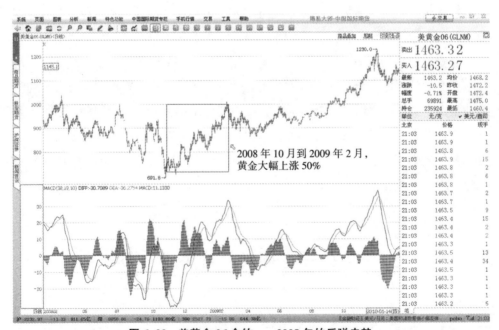

图 6-22　美黄金 06 合约——2008 年的反弹走势

美黄金 06 合约在日 K 线中形成了有效的反弹，价格短时间内大幅度上攻，并且形成了一波较大的上涨行情。从黄金底部的 691.8 美元开始，黄金大幅度飙升至 2009 年 2 月的高位 1009.3 美元，上涨幅度高达 50%。而这个阶段的非农就业数据：-53.3 万、-52.4 万、-59.8 万、-65.1 万、-66.3 万，显然是持续回落的态势。并且非农就业数据在这一时期达到了历史低点，这样反映了美国经济的不景气程度，也打压了美元指数。美元指数的相对走低，必然导致黄金价格的大幅度攀升。

美元指数——2008 年的杀跌走势，如图 6-23 所示。

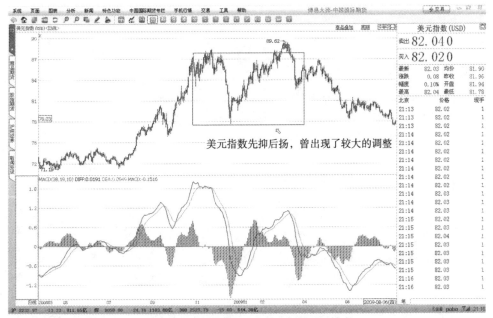

图 6-23　美元指数——2008 年的杀跌走势

美元指数在非农就业数据走弱的时候，出现了杀跌反弹的情况。美元指数在这期间曾经出现的跌幅很大。最终，在 2009 年 3 月底的时候，美元指数还是出现了二次回落的情况，这表明，非农就业数据对美元指数走势的影响很大。在就业率不高的情况下，美元失去了走强的动力。即便美元出现强势反弹，也仅仅是因为避险资金买入美元，才推动美元指数短线走强。但是，美元最终在金融危机阶段走弱，是必然的趋势。美元的短期走弱也推动了黄金价格的反弹，成为投机者重要的操作机会。

三、非农就业指数与白银价格关系

美白银 07 合约——2008 年的反弹走势，如图 6-24 所示。

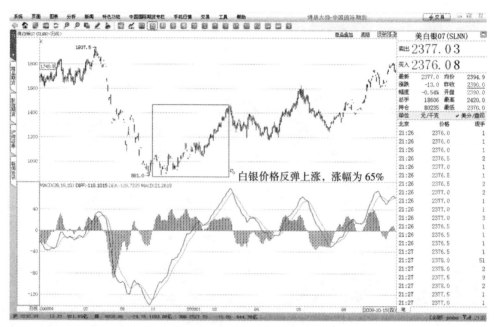

图 6-24　美白银 07 合约——2008 年的反弹走势

美白银 07 合约的日 K 线图中，银价上涨空间也是很高的，相比黄金的涨幅，白银更是大涨了 65%。而非农就业数据在这个阶段的快速走低，也是拉动白银价格大涨的重要因素。白银价格震荡上行的时候，投机者若能根据非农就业数据做多白银，是可以获得高额回报的。非农就业数据对白银价格走势的影响在长期趋势中得到了体现。

| 第七篇 |

交易时间段分析

——根据自身需要使用

第一章　分析图走势

一、反转形态

突破形态在分时图中出现频率很高，金价突破后的开仓机会一般都是非常有效的。投机者顺应价格突破的方向开仓便可获得不错的回报。分时图中，常见的突破形态有三角形突破、矩形突破、旗形突破、楔形突破、喇叭口形突破、顶部反转形态突破、底部反转形态突破等。

1. 三角形

三角形的调整形态中，价格波动空间在持续不断地收缩。金价短时间不会出现明显的突破，而是在压力线和支撑线内部不断震荡。三角形调整形态结束的时间，取决于形态本身完成的时间。如果三角形态的上边和下边几乎重合到一起，那么调整也就进入尾声，价格必将突破三角形的一边，为投机者提供开仓信号。

三角形的调整形态中，价格向某一个方向的突破也就是一瞬间的事情。只要价格已经在三角形中调整到位，那么只要价格向一个方向顺利突破，投机者的操作机会也就随之出现。有效的突破，一定是在调整完成以后出现的。从买卖机会的把握上看，那些有效的操作信号，必须有完美的突破形态配合才行。实际上，越是明显的买卖信号，调整形态以及突破调整形态的走势会非常清晰。

黄金 1306——三角形被突破卖点，如图 7-1 所示。

黄金 1306 合约的分时图显示，黄金价格波动空间不断收窄的时候，三角形的调整形态就完成了。在三角形调整形态完成以后，黄金价格震荡走低，并且跌

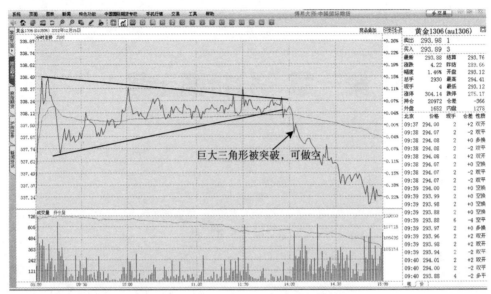

图 7-1　黄金 1306——三角形被突破卖点

破了三角形的下限，显然是做空的重要信号。从图 7-1 中位置看，金价的下跌将会持续下来。如果投机者能及时做空的话，应该可以获得不错的回报。

2. 矩形

在分时图中，价格在矩形调整形态中的运行比较稳定，突如其来的突破走势，必然在矩形调整形态持续一段时间才会出现。判断分时图中金价的矩形调整形态并不麻烦，在一定的价格范围内，矩形的波动情况显而易见。分时图中，矩形之前的价格波动方向非常重要。如果金价处于上升趋势中，那么矩形会向上突破。在矩形调整形态中，分时图中等价线的作用非常重要。在矩形调整结束之前，等价线对金价的影响，足以促使价格突破矩形调整形态。判断矩形调整形态是否已经调整到位，从价格相对于等价线的位置就能够看出来。

黄金 1306——跌破矩形卖点，如图 7-2 所示。

黄金 1306 合约在分时图中显示，开盘价格大幅度下挫以后，盘中金价维持在矩形横盘形态中。虽然矩形持续时间很长，但是在下跌趋势未改的情况下，金价还是出现了向下的突破走势。图 7-2 中价格跌破矩形调整形态的那一刻，便是最佳的做空良机。跌破矩形调整形态以后，价格下跌空间很大，投机者容易获得做空回报。

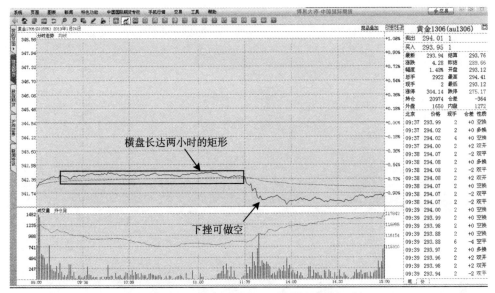

图 7-2　黄金 1306——跌破矩形卖点

3. 旗形

旗形调整形态经常出现在金价单边涨跌的过程中，是价格震荡回升或者震荡回落的调整形态。在价格上涨的时候，金价冲高回落的情况很容易出现。也就是在这个时刻，震荡回落的期货价格沿着一定的波动空间下挫，必将成为投机者做空的重要机会。旗形形态的下跌走势中，价格沿着向下的两条平行线波动。在价格有效突破旗形的压力线之前，回落调整就成为价格走势的基本趋势。

多头趋势中的旗形调整走势中，价格在旗形中的回落幅度虽然不大，却能够达到调整的目标。金价的下跌成为常态，而短线反弹的走势却不容易创造利润。这样一来，把握好价格回落的大趋势，并且关注突破走势，投机者便能获得比较好的投机回报。旗形调整形态比较清晰，突破旗形的上限也更加明确。

下跌趋势中出现的旗形调整走势，价格的调整方向是向上的。在金价价格震荡回升的时候，旗形的下限提供了重要的支撑。在反弹阶段的旗形调整走势中，投机者也可以根据价格波动规律采取短线投机策略获利。当然，最为重要的开仓机会，出现在价格跌破旗形下限的那一刻。如果金价最终跌破了旗形的下限，那么随之而来的做空回报将成为现实。

黄金 1306——突破旗形买点，如图 7-3 所示。

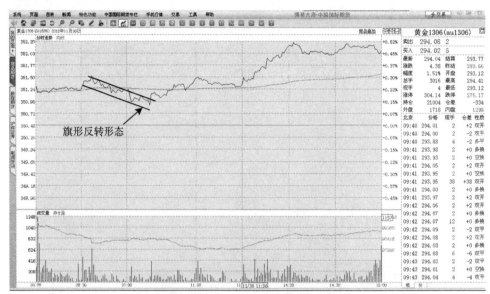

图 7-3 黄金 1306——突破旗形买点

分时图中黄金价格高开运行，价格在短线冲高回落的时候，完成了旗形的回落形态。旗形形态持续时间很短，金价出现向上的突破，表明投机者可以做多获利。旗形调整形态在图中看来，规模还是比较小的，因此很容易在价格反弹阶段突破旗形上限。操作上看来，投机者跟随价格突破的信号做多盈利，是完全能够实现的。

4. 楔形

楔形调整形态中，金价波动空间会不断收缩。当价格波动空间几乎消失的时候，突破也就出现了。在价格上涨的多头趋势中，楔形调整的形态持续时间是有限的。在有限的调整形态中，价格短线低点构成了支撑线，而价格高位连接起来的线是压力线。压力线和支撑线交汇于一点。随着价格波动空间的收窄，金价价格的波动空间将不断收缩，以至于不得不在某一位置上突破楔形上限，开始新一轮的上涨走势。楔形调整形态中的操作机会并不多，投机可以在形态出现以后马上开仓短线操作。一旦调整持续时间过长，并且楔形调整形态转变为弱势突破的走势，那么突破之后的操作机会才是真正看点。

黄金 1306——价格突破楔形买点，如图 7-4 所示。

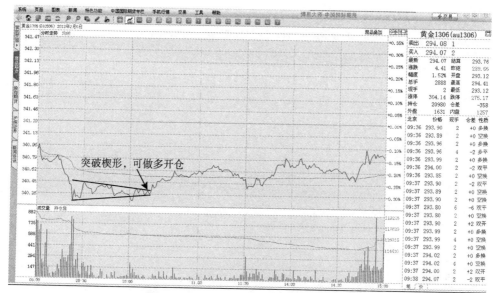

图 7-4　黄金 1306——价格突破楔形买点

黄金价格低开低走的时候，底部的楔形调整形态已经完成。楔形成为重要的反转形态，奠定了价格震荡走强的基础。从图 7-4 中来看，楔形调整形态的上限被轻松突破之时，黄金价格震荡回升，为投机者提供了反弹做多的利润。

5. 喇叭口

喇叭口形态中，价格波动空间会不断抬高，而最终的突破方向很难确定下来。当然，喇叭口形态的突破方向，还取决于前期价格的运行趋势。在喇叭口突破之前，价格不断增加的波动空间，为短线买卖的投机者提供了众多操盘机会。在短线买卖的过程中，投机者应该尽可能了解形态的最终走势，才能获得更高的回报。

喇叭口的调整形态中，支撑线一般是向下的，而压力线会不断回升。价格在压力线处遇阻力回落，并且在支撑线再次寻求新的支撑。鉴于喇叭口形态的上限和下限不断背离运行，投机者短线买卖的开仓位置（或者说平仓价位）将向更宽的范围延伸。

在价格最终突破喇叭口形态以前，期货价格的波动空间很容易超越喇叭口的上限或者下限。这也是该形态中短线投机利润难以把握的原因。

喇叭口形态中，价格真正突破喇叭口一侧才是最终的开仓机会。喇叭口形态完成之前，价格可以向下跌破支撑线，也可能向上突破压力线。不管怎样，分时图中最终突破后的操作机会就会在这个时候形成。

黄金 1306——价格突破喇叭口买点，如图 7-5 所示。

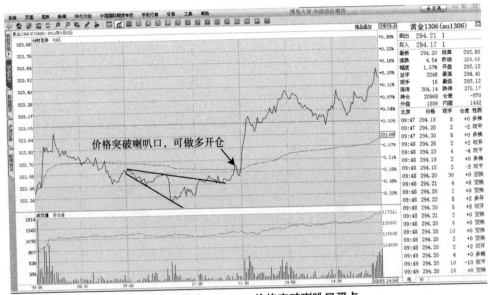

图 7-5　黄金 1306——价格突破喇叭口买点

黄金 1306 合约的分时图显示，进价在低开下挫以后出现了反弹的情况。但是反弹并没有结束黄金的调整，盘中黄金短线再次震荡走低，图中的喇叭口形态就是在这个时候形成的。喇叭口形态持续时间不过一个小时，价格震荡上涨就突破了喇叭口形态的上限，显示出重要的做多信号。从黄金价格的走势来看，盘中喇叭口形态被突破的那一瞬间，显然是理想的做多时机。

6. 顶部反转形态

分时图中，金价的顶部反转形态容易出现，也是投机者可以参考的重要突破操作信号。顶部反转形态种类繁多，最简单的是单一的价格高位反转走势。在金价短线冲高回落的过程中，单一的价格顶部就会短时间内形成。这个时候，投机者可以根据价格信号，来判断最终开仓做空的价位和方向。

单一的价格顶部出现以后，颈线就在顶部形态以下。如果金价并未跌破颈线，那么投机者可以等待更好的操作机会出现。一旦金价快速跌破了颈线，投机者顺势做空一定可以获得不错的利润。分时图中买卖时间是有限度的，价格真正突破了反转形态颈线以后，突破一般都是非常有效果的。采取相应的措施，在价格突破颈线之时（跌破颈线后的回抽也是做空机会），做空便可以获得不错利润。

黄金 1306——价格反转做空机会，如图 7-6 所示。

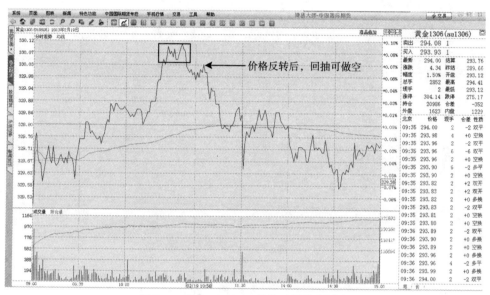

图 7-6　黄金 1306——价格反转做空机会

分时图中黄金价格低开回升，盘中金价出现了冲高以后的重要顶部。图中反转形态虽然比较简单，却构成了投机者做空的重要信号。从黄金价格走势来看，金价从跌破高位反转形态以后，短线回抽的走势便是不错的盈利点了。金价还会继续回落，回抽反而提供了不错的高位做空机会。

7. 底部反转形态

分时图中，价格在反转形态出现以后的突破非常有效。开盘以后金价可以高开低走并且两次拉升至等价线以上，这个时候就会出现底部反转形态。等价线以下的反转形态虽然有效，但也需要价格继续向上突破颈线来确认的。简单的单一底部反转形态，或者说是圆弧底的反转形态，都是投机者能够把握的做多机会。金价在突破反转形态颈线以后，会不断震荡走强，投机者把握住突破信号并不困难。反转形态可以是 V 形底、圆弧底、双底等。突破反转形态颈线或者说是突破等价线，才是突破开仓的关键。

黄金 1306——突破 V 形底形态，如图 7-7 所示。

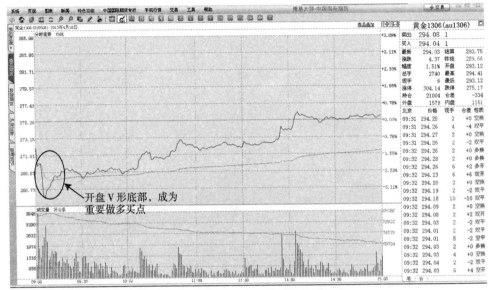

图 7-7　黄金 1306——突破 V 形底形态

黄金开盘下跌，并且很短时间了便出现了探底回升的 V 形反转形态。从 V 形反转走势出现来看，金价便不断震荡上涨。可以说，V 形反转形态构成了投机者盘中做多的重要机会。反转形态出现后价格并非一步到位的上涨，而是弱势缓慢回升，这也有助于投机者赢得利润。

二、持续形态

1. 缓慢持续形态

在分时图 7-8 中，黄金价格逐渐运行的持续形态，可以在连续下跌（或者上涨）的情况中出现。价格在单边趋势中运行，上涨或者下跌的节奏可以不发生改变，涨跌方向也不会出现改变。金价短时间内波动空间不大，持续一段时间后的波动幅度很高。以持续形态波动的金价，操作机会并不是时刻都存在，而是随着价格的持续波动出现的。最先发现金价的持续形态，并且跟随趋势开仓的投机者，能够获得更好的回报。

黄金1306——持续下跌旗形，如图7-8所示。

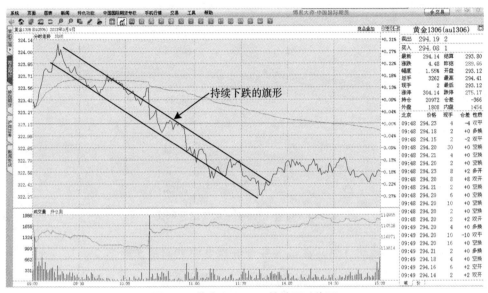

图7-8　黄金1306——持续下跌旗形

黄金不仅高开而且高走，图中仅用时不到半个小时，金价就冲高回落，进入到持续下挫的旗形形态中。从操作上看来，投机者可以把握这个旗形下跌的重要持续形态，不断在价格高位做空，这样很容易获得利润。考虑到分时图7-8中价格波动空间不高，投机者应该以更快的速度、更高的价位做空，才能容易获得利润。

2. 快速持续形态

金价单边运行的时候，回调只是一厢情愿的愿望而已。如果金价真的在下跌（或者上涨），那么有什么理由能够停止价格的波动呢。即便短时间内出现回调，如果调整空间非常有限的话，那也不可能为投机者提供多少获利空间。实际上，价格单边运行的过程中，如果价格波动的空间很大，并且以加速突破的方式完成的，那么投机者越早发现这种快速运行的持续形态，越能获得较高的回报。

黄金 1306——加速回升形态，如图 7-9 所示。

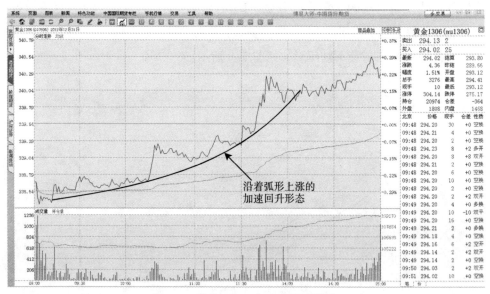

图 7-9　黄金 1306——加速回升形态

黄金 1306 合约的分时图显示，开盘价格出现了回落，但是金价从这个位置开始震荡企稳，并且连续拉升创出新高。从支撑线来看，显然是加速回升的圆弧形，这有助于黄金价格的持续回升。在金价上涨的时候，一旦价格短线回落至支撑线，那么投机者都可增加做多资金。分时图中金价加速上行的过程中，很多不错的买点都出现在圆弧形上。圆弧形的支撑线与直线的支撑线很相似。

第二章　1 小时 K 线图分析

一、1 小时价格波动特征

　　研究 1 小时 K 线的波动特征，有助于投机者获得短线投机回报。1 小时 K 线的持续时间很短，价格能够出现的最大波动空间有限。使用 1 小时的 K 线判断短线操作机会，应该关注该时间周期的获利潜力，以及假突破出现的概率。

　　从价格波动特征来看，投机者可以从波动率指标 ROC 的变化规律发现黄金和白银的走势特征。从计算周期为 1 小时的 ROC 指标中来看，黄金在一段时间里的最大波动强度，以及金价的大部分时间里的波动幅度有很大差别。最大的波动强度，短时间内不一定能够达到。而大部分时间里黄金价格的波动强度，则是投机者操作的过程中 1 小时能够获得最大的盈利空间。

　　黄金 1306——1 小时 K 线波动情况，如图 7-10 所示。

　　黄金 1306 合约的 1 小时 K 线图显示，价格波动过程中强度大小不一。一般来看，黄金最大的波动强度会在 4% 以内。高达 4% 的波动强度并不容易达到。而多数情况下，最大波动强度会在 2% 附近，这一高度的涨跌很容易实现。投机者在操作过程中，也可以根据这一特征来把握操作机会。

　　美白银 07 合约——1 小时 K 线波动情况，如图 7-11 所示。

　　美白银 07 合约的 1 小时 K 线图显示，价格波动强度最高在 2% 以内，而多数情况下的价格波动强度在 1% 附近，这与国内黄金品种有很大差别。究其原因，美白银 07 合约的交易时段是 24 小时滚动的，其间很多交易时段处于美国时间的晚间，价格波动强度自然不会太高。平均来看，价格波动强度自然不会太大。而国内黄金的交易时间限定在一天当中的 4 个小时中，投机者参与这 4 个小时的交易非常充分，价格更是会在仅有的 4 个小时内充分波动，从 ROC 指标上看自然会很高。

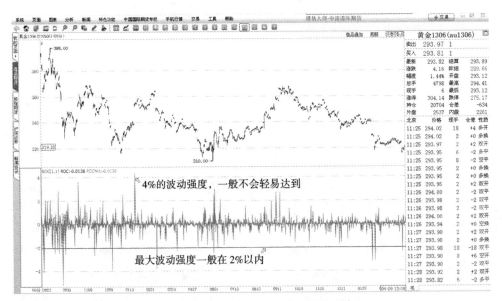

图 7-10　黄金 1306——1 小时 K 线波动情况

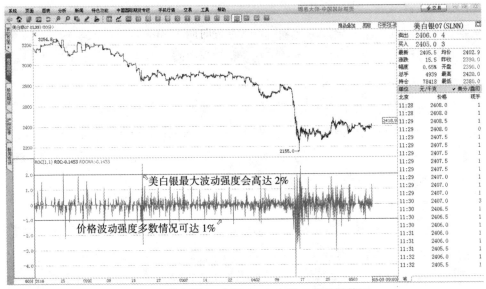

图 7-11　美白银 07 合约——1 小时 K 线波动情况

二、1 小时 K 线的假突破概率

从 1 小时 K 线图的价格走势看来，这一时间周期的价格波动很不规律。价格可能在 1 小时中出现很小的波动强度，但是也会出现非常强的涨跌幅度，这取决于黄金或者白银所处的价格趋势位置。如果正值价格加速波动，那么波动强度会高一些。

1 小时 K 线图中，价格的波动强度会经常出现假突破的情况，这也是投机者需要关注的地方。1 小时 K 线图中，价格波动强度本来就不会很高，如果是假突破的话，投机者遭受损失概率就比较大了。不过从开仓价位上判断，从 1 小时 K 线中投机者更容易发现比较理想的开仓价位，这也有助于提高持仓的获利潜力。

美白银 07 合约——假突破情况，如图 7-12 所示。

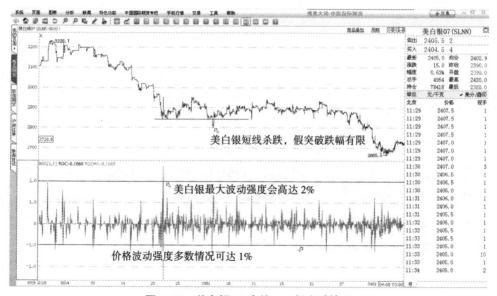

图 7-12 美白银 07 合约——假突破情况

美白银 07 合约的 1 小时 K 线图显示，价格在图中运行情况良好，但是假突破显然是投机者不能预测到的。白银价格很短的时间里跌破了前期价格低点，好像真实突破已经形成，但是银价偏偏在这个阶段出现了反弹上涨的走势。直到持续一段时间的横向调整，白银才最终跌破了价格低点。图 7-12 中的假突破走势，无疑为给投机者带来短线操作的损失。针对 1 小时 K 线中出现的假突破情况，投机者应该随时控制好投入的资金量。假如开仓资金并不是很大，那么即便是假突破的情况，也很难对投机者造成影响。

黄金 1306——假突破情况，如图 7-13 所示。

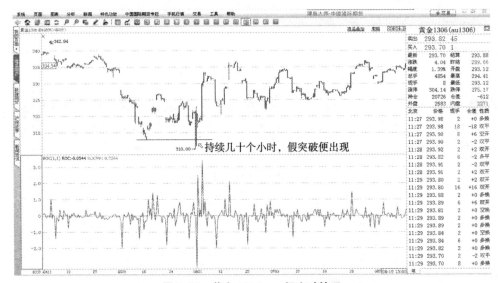

图 7-13　黄金 1306——假突破情况

黄金 1306 合约的 1 小时 K 线图中，黄金价格短线下跌的过程中，一根很长的阴线跌穿了前期价格低点，但是戏剧性的反弹又一次出现了。实际上，黄金的短线走低已经到了阶段性的价格底部，虽然价格出现了假突破下跌的情况，却不是投机者再次做空的机会。从价格连续运行的情况来看，投机者很容易发现黄金价格实际上已经出现了反转的走势。接下来的时间里，黄金价格震荡上行，距离价格底部的假突破情况越来越远。

第三章　日 K 线图分析

一、日 K 线波动特征

日 K 线中，价格波动过程中的连贯性要好得多。投机者买卖黄金和白银的操作，一般是经过比较成熟的考量，而价格的变化正是反映了基本的运行趋势。在日 K 线中，跳空走势也会经常出现，但是跳空的方向一般是价格的波动方向。除非是技术性的反弹或者下挫，跳空的方向会与价格运行趋势相反。

国内黄金和白银期货的交易时间段并非是 24 小时，这样在跳空的频率上要高得多了。而美国黄金和白银的交易是 24 小时滚动运行，除非遇到节假日，否则价格都是连续运转的。这样一来，跳空的情况就不容易出现了。滚动交易的过程中，投机者能够在连贯波动的价格中发现操作机会，而不是在跳空的走势中操作。

国内期货品种的跳空虽然比较频繁，但是价格的基本运行趋势不会轻易出现转变。比较大的跳空走势，一般是延续了黄金和白银的价格波动方向。具备的微小的跳空，可以与价格的运行趋势相反，但这并不妨碍投机者操作。

黄金 1312——日 K 线波动特征，如图 7-14 所示。

黄金 1312 合约的日 K 线图显示，价格波动的空间一般会在 4% 以内的。多数情况下，价格波动强度会在 2%。在实战操作当中，投机者如果在单根 K 线的操作上盈利达到 2%，当日的盈利空间基本上已经见顶了。更高的价格涨跌空间，需要在接下来的交易日中实现。对于单根 K 线中没能获得的利润，投机者也不要心急。如果黄金价格的波动趋势已经确认，那么价格持续运行过程中，投机者自然能够在持仓的过程中获得利润。

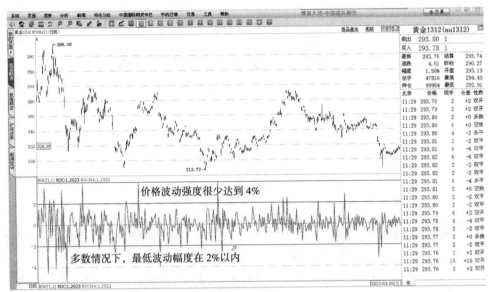

图 7-14　黄金 1312——日 K 线波动特征

美白银 07 合约——日 K 线波动特征，如图 7-15 所示。

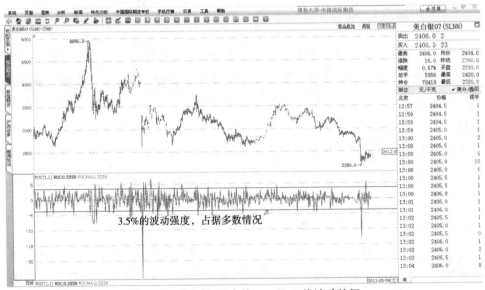

图 7-15　美白银 07 合约——日 K 线波动特征

美白银 07 合约的日 K 线图中，价格波动强度在 3.5% 以内。高于 3.5% 的波动强度一般是不存在的。虽然白银价格大幅度下挫，并且单根 K 线的跌幅高达

10%以上，这种下挫必然是在加速突破阶段出现的。从减小交易风险的角度看，投机者可以将历史上白银价格的最大波动强度，当作能够承受的最大止损程度看待。如果开仓的持仓资金很小的话，一般的 3.5% 的波动强度就可以作为止损的位置了。

二、日 K 线的假突破概率

日 K 线图中，价格波动情况比较连贯，不容易出现假突破的走势。在日 K 线图中，黄金和白银的价格波动方向都相对确定，假突破的情况在少数情况下会出现。特别是黄金的价格走势，经常是过一段时期就会出现一次假突破的情况。日 K 线图中的假突破并不可怕，投机者在持仓过程中谨慎动用资金便可。白银的假突破情况较少，一旦价格实现突破，那么短线开仓盈利空间很高。

假突破之所以存在，是因为价格短线波动强度很高，并且在单边运行中加速，这样价格才会出现持续的突破。不过在价格调整阶段，假突破的情况持续时间短暂，投机者有足够时间发现并且避免在假突破中遭受损失。

黄金 1306——日 K 线假突破，如图 7-16 所示。

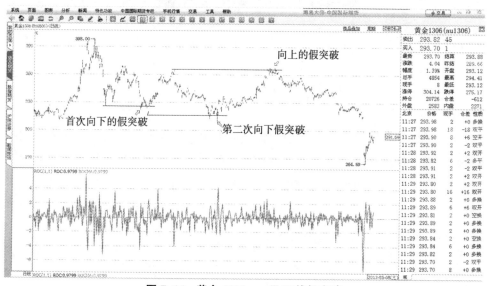

图 7-16　黄金 1306——日 K 线假突破

黄金 1306 合约的假突破出现在日 K 线中，首次出现向下的假突破，经历第二次的假突破时间长达两个半月。而第二次假突破距离第三次假突破，时间长达 4 个月。最后一次假突破距离第二次假突破，也是长达 4 个月之久。假突破虽然不经常出现，但时隔一段时间的假突破，还是给投机者带来了不少的影响。如果假突破后价格反转的时间非常短，那么这种影响不会很大。投机者可以在持仓时间比较短的情况下止损出局。如果假突破频繁出现，而价格最终出现了折返的走势，那么这种影响就非常高了。从日 K 线图中看，国内黄金期货的假突破情况还是需要关注的。

美白银 12 合约——日 K 线假突破，如图 7-17 所示。

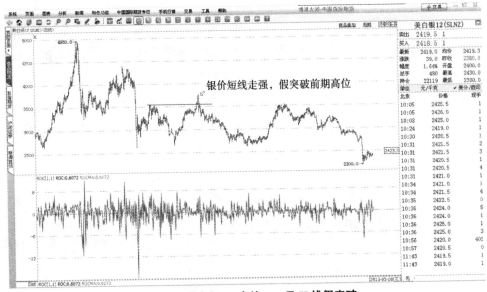

图 7-17　美白银 12 合约——日 K 线假突破

美白银 12 合约的日 K 线图中，价格连续运行过程中，投机者能够发现期间出现了一次短线的冲高回落走势。白银价格短线冲高回落，虽然持续时间非常短暂，但却成为投机者做空的重要看点。价格并没有有效突破前期高位，而是在突破后反转向下，这也为投机者做空提供了机会。不过，如果投机者想要在价格出现突破信号的时候买涨，风险就非常高了。

第四章 周K线图分析

一、周K线价格波动特征

美白银 07 合约——周 K 线波动特征，如图 7-18 所示。

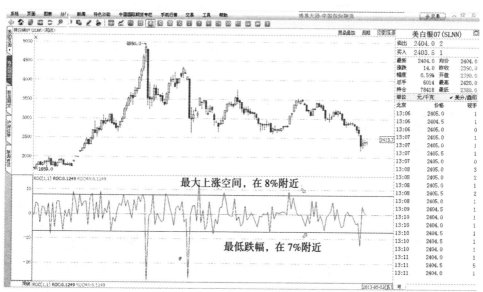

图 7-18 美白银 07 合约——周 K 线波动特征

美白银 07 合约的周 K 线中，价格波动强度最大能够达到 8% 附近。而银价回落阶段，价格下跌的幅度会在 7% 附近。判断周 K 线中白银价格的涨跌情况，从价格波动强度就能发现出一些规律。

黄金 1312——周 K 线波动特征，如图 7-19 所示。

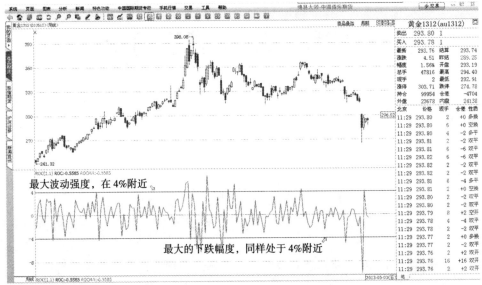

图 7-19　黄金 1312——周 K 线波动特征

　　黄金 1312 合约的周 K 线图显示，黄金的波动强度会在上下 4% 以内。也就是说，黄金价格上涨最大会到 4%，下跌过程中也就只能到-4% 附近。这样看来，黄金的波动强度要远不及白银的走势。相比白银高达 8% 的涨跌强度，投机者买卖黄金的获利潜力要打个折扣了。

二、周 K 线操作机会

　　周 K 线中，价格波动过程中仅需要三根 K 线形态，投机者就能够判断出价格的波动方向。特别是在价格反转的那一刻，一根反转意义的 K 线，另外两根分别处于不同方向的 K 线，组合形态便构成了投机者的操作信号。简单的三根 K 线持续时间几乎相当于一个月，发出操作信号必然是有效果的。

　　从实战来看，仅仅需要三根 K 线形态，投机者就能够把握住操作机会，并且获得投机回报。周 K 线中，价格持续运行过程的 K 线数量少。那么一旦投机者发现了三根 K 线组合而成的反转形态，那么从更小的 K 线计算周期中发现比较好的操作位置，并且尽快开仓的话，必然能够获得不错的回报。

在周 K 线图中，从 K 线数量上看，价格累计单边运行的时间不会过长。超过 10 根周 K 线的单边走势并不多见。发现反转形态并且尽快开仓，投机者一般能在几周内获得投机回报。

黄金 1312——周 K 线反转信号，如图 7-20 所示。

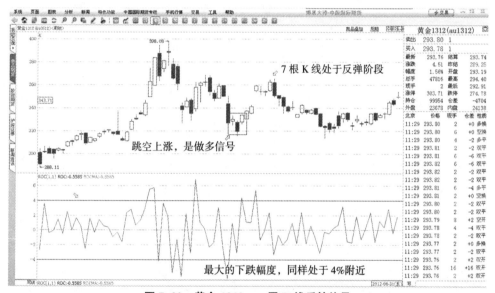

图 7-20　黄金 1312——周 K 线反转信号

黄金 1312 合约的周 K 线图中，价格在短线探底回升的时候，出现了比较强的反弹走势。黄金价格短线跳空上涨，完成了一根实体不大的阳线，而接下来多达 7 个交易日的反弹，显然为投机者提供了不错的盈利机会。反弹信号很简单，小阴线之后的一个跳空阳线，两根阳线夹一根阴线的看涨形态，成为黄金价格上涨的重要看点。

黄金 1312——周 K 线反转信号，如图 7-21 所示。

黄金 1312 合约的反弹走势中，跳空上涨的小十字星，成为金价短线走强的重要信号。从图 7-21 中看来，金价累计实现了多达 9 根 K 线的上涨，投机者完全有可能获得这一行情中的收益。金价的反转走势提供的操作信号是非常明确的，跳空上涨小十字星，是很明确的看涨形态。

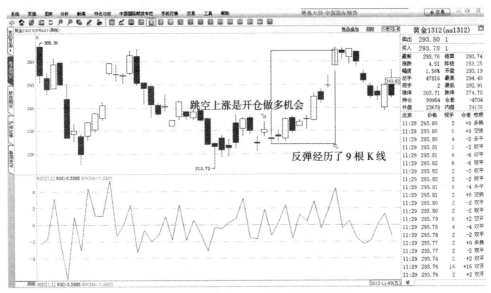

图 7-21　黄金 1312——周 K 线反转信号

如此看来，周 K 线中价格上涨的信号可以非常简单，但却是非常有效的看涨信号。由于周 K 线在一周内形成，反转形态具备很强的可靠性。如果从反转形态本身下手，投机者使用明确的反转信号，能够轻松获得利润。

美白银 07 合约——周 K 线反转信号，如图 7-22 所示。

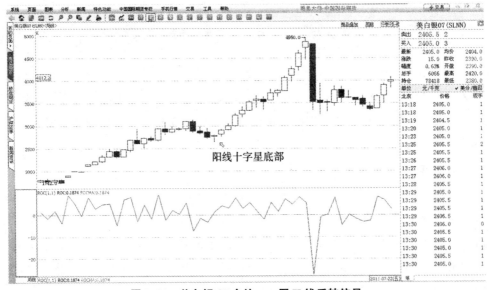

图 7-22　美白银 07 合约——周 K 线反转信号

美白银 07 合约的周 K 线图显示，价格从底部反弹上涨以后，连续出现了拉升的情况。图中一根非常小的十字星形态，成为这一波白银大涨行情的起始点。从操作上来看，单根反转的小十字星出现在价格短线底部，确实不容忽视。该形态作为白银价格上涨的重要信号，投机者如果能在这个位置做多的话，必然获得不错的回报。抛开单根十字星形态，投机者也能够发现前后白银价格的反转形态其实已经很明确了。白银价格大趋势向上的过程中，中途的反转走势值得投机者增加资金做多盈利。

美白银 07 合约——周 K 线反转信号，如图 7-23 所示。

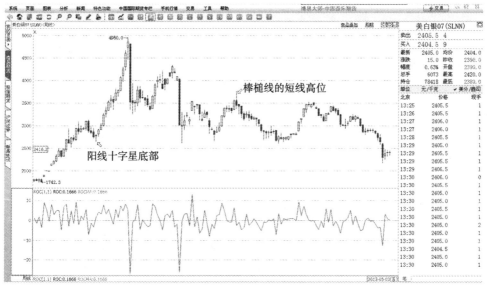

图 7-23　美白银 07 合约——周 K 线反转信号

美白银的周 K 线中，同样的反转情况出现在银价反弹的价格高位。一根非常简单的冲高回落的小棒槌线，成为银价短线下跌的起始点。图 7-23 中看来，小棒槌线的最高价虽然突破了前期高位，但是收盘价却出现了下挫，显示出反转的意义。

特别明确的反转信号，在周 K 线的单边趋势中更容易实现。尤其是在白银价格持续回升或者持续上涨的过程中，突然出现的反转 K 线形态，一定是比较有效的操作机会。

| 第八篇 |

大师的交易心理分析

——获利关键

第一章　不迷信投机规律

贵金属价格的波动与其他期货品种以及股票的波动是相似的，有很强的不确定性。即便价格是单边运行的，在单边运行的过程中，价格可以有很多种不同的涨跌方式。虽然价格最终能够达到目标位，其间的波动过程难以准确判断。

实际上，针对价格不确定性这一特征，投机者应该在运用规律的时候，不要被规律束缚。任何规律的运用都是有条件的，一个时期价格的波动可以使用一种规律，换做另外一个时期可能就不太适用了。

比如，价格在出现突破走势的时候，既可以是真实的突破，也可以是虚假的突破。不管怎样，投机者应该过滤掉虚假突破，才能获得利润。使用技术指标的时候，投机者也应该学会灵活运用。RSI 指标的超买信号，一般可以作为做空的位置来开仓的。但并非每一次的超买，都会出现对应的做空机会。如果价格并未见顶，那么 RSI 指标与价格的背离就会形成。背离成为投机者继续持有多单的机会，而不是短线做空的信号。

针对价格走势，任何规律都可能会发生变化。事实上，八浪循环的波浪理论，提供的操作机会就是这样的。也许简单的八浪循环就能构成价格走势，但是投机者应该知道，价格的变化其实是不确定的，由很多小浪组成八浪循环中的一个大浪的情况也经常存在。

美白银 07 合约——RSI 的超买做空信号，如图 8-1 所示。

美白银 07 合约的日 K 线图显示，当 14 日 RSI 指标进入 80 以上的超买区域后，显然是投机者做空的机会。但从白银价格的走势来看，银价并未大幅度下跌，而是在小幅回调后二次上涨，成为套牢做空投机者的一个陷阱。

为什么在 RSI 指标超买的情况下，投机者做空依然会出现亏损？显然这与银价的强势多头行情有关。虽然 14 日 RSI 指标比较有效，但是面对多头大行情，投机者做空也需要谨慎。RSI 在超买区域运行时间不长，一旦指标调整下来，那么白银价格还是会继续上涨。这也是投机者做空亏损的原因所在。

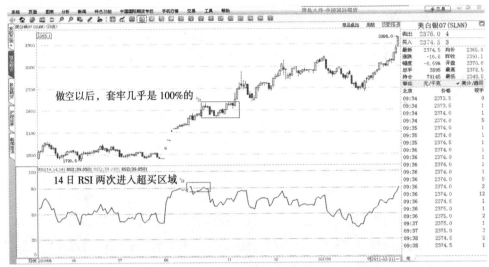

图 8-1　美白银 07 合约——RSI 的超买做空信号

第二章　获利应该了结头寸

获利时及时止盈出局，理应得到的利润便可收入囊中。投机者真正应该止盈的时刻，出现在价格反转之时，或者是获利丰厚的那一刻。价格反转以后，获得的投机回报便可能出现萎缩的情况，这个时候最应该止盈，以免利润出现缩水。或者说，在获利非常丰厚的情况下，担心因为持仓时间过长而出现利润下降情况，这个时候也可以提前止盈。

投机者主动止盈操作，可以有三种情形。

1. 价格短线调整止盈

当黄金、白银的价格运行出现调整的时候，投机者为了减小损失，也是可以少量资金止盈的。不过在这个时候，止盈的操作很可能是失败的，因为这样做无助于投机者扩大持仓回报。价格短线调整的话，投机者如果判断单边行情还是会延续，那么就可以不去止盈，而是继续持仓获得利润。

2. 获利丰厚止盈

在投机者获利丰厚的情况下，还是可以主动止盈出局的。虽然贵金属价格波动强度很大，但是基本的波动规律是不会变的。这样一来，投机者就可以在获利比较丰厚，并且达到了对应的时间周期的最大值的时候止盈，这样有助于减小持仓损失，保住投机利润。

3. 价格反转之时止盈

当价格出现反转信号的时候，投机者考虑止盈是非常正确的做法，这样不必在趋势不明朗的情况下持仓，减小损失。如果投机者持仓的过程仅仅是个反弹，或者说是短线回调走势，那么盈利虽然丰厚，投机者却不得不去止盈出局。特别是明确的 K 线反转形态出现之时，短线获得的丰厚利润将很快被蚕食。投机者把握住赢得的利润，短线止盈操作是理所当然的。

三种止盈操作，虽然是不同时期的止盈，却都是主动兑现利润减小持仓风险的做法。值得一提的是，止盈操作应该选择在价格出现反转之时做出。如果价格反向调整空间不大，继续持仓很可能获得更高回报。毕竟，价格的折返位置真正出现之时才能得出结论，提前做的止盈操作，是避免了损失但有时候也相对减少了利润。不过，对于大多数投机者来讲，尽可能在获利丰厚的时候止盈，还是明智的做法。获利的情况下止盈，更容易继续获利。

美白银 07 合约——多头趋势中的波动率，如图 8-2 所示。

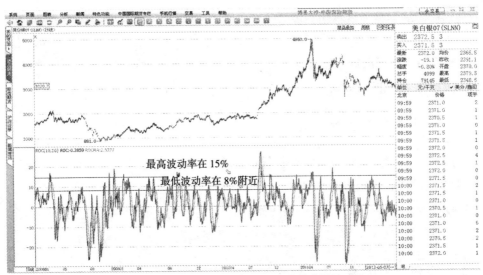

图 8-2　美白银 07 合约——多头趋势中的波动率

从美白银 07 合约的日 K 线图来看，该合约在多头趋势中的波动率有一定的范围。以 10 日 ROC 来计量的波动率，最低在 8%附近，最高可达 15%。也就是说，投机者在多头趋势中持仓，10 日内的获利潜力是一定的。要想在 10 个交易日中获得超过 15%的投机回报，几乎是不能实现的。这样一来，在价格震荡回升的过程中，适当止盈是非常必要的。既然白银累计波动幅度可以冲高回落，那么在 ROC 指标回落期间，投机者继续持仓其结果也只能出现一些亏损。

针对白银价格波动上涨过程中的调整走势，考虑在不同情况下减仓是必要的做法。在盈利空间较大的时候、在价格出现调整迹象之时、在价格冲高回落的那一刻，都是止盈的机会。

第三章 不要对操作"机会"不能自拔

　　贵金属投机交易中，买卖开仓的机会是很多的。单——一个黄金期货合约可以给出很多交易机会，而整个贵金属市场上各个品种在不同时期也存在许多交易机会。交易机会异常得多，双向交易中只要买卖机会恰当，就能够开仓盈利。但是，面对这么多的交易机会，投机者能否适应就难说了。换句话说，投机者应该找到最适合自己盈利的操作机会，这样才会以更小的成本，赢得更高的投机回报。

　　如果投机者面对众多的开仓机会不能自拔，那么只能掉进亏损的魔窟里边。事实上，真正的盈利并非以量取胜，而是在尽可能精准把握操作机会的过程中，放大投机回报。对投机机会不能自拔，只能在频繁操作中浪费资金，并且减小盈利的概率，长此以往资金安全必然受到严重威胁。

　　实际上，黄金和白银等贵金属的价格波动虽然较大，但价格波动空间并非平均分配到交易时段。可以这么说，二八法则适用贵金属的价格波动。也就是说，80%的行情出现在 20%的时间段内，而剩余的 80%时间里，价格波动基本是平稳运行的，投机者要想在 80%的交易时间里获得高额回报，是不容易实现的。

　　可见，对于操作机会的选择，投机者应该心里有数，不能一味地以量取胜，而应该精挑细选买卖时机，这样才可以获得有效投机回报。

　　即便投机者并不是要等待 20%的大行情出现以后在考虑开仓，平日里的操作机会的把握，显然不能太随心所欲了。随心所欲地买卖贵金属期货，也只能在错误的投机上浪费更多的资金。如果投机者可以用试误的办法采取行动，减小操作数量的同时，把握住每一次的操作机会，这样更容易获得成功。

　　黄金 1312 合约——短时间的杀跌走势，如图 8-3 所示。

　　黄金 1312 合约的日 K 线图显示，价格在大幅度下跌阶段持续时间很短。分别出现了高达 6%和 13%跌幅的时候，分别经历了 4 个交易日。这样看来，投机者操作上显然应该关注价格的这种运行规律。黄金在大幅度杀跌后，横盘长达三个月和一个多月。这表明，二八法则在判断价格波动时候还是很适用的。20%的交易时间段内出现了80%的行情，这也警示投机者，不要对所谓的机会不能自拔，机会是等出了的，并非任何时刻都是理性的买卖点。

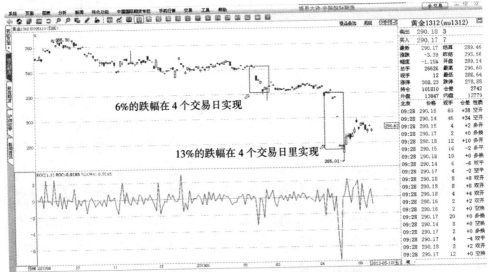

图 8-3　黄金 1312 合约——短时间的杀跌走势

第四章　避免赌徒心理

在贵金属的投机活动中，能够获得稳定投机回报的佼佼者，并不是那些善于短线操作，把握每一段行情中利润的投机者。获得稳定的投机回报，不是用数量换收益，而是用较高的盈利仓位，来抵消那些出现亏损的仓位。力求把握每一次交易机会，不放过每一分一秒的获利机会的投机者，只能是适得其反。价格的频繁波动，需要投机者看准了才行动，而不是像个赌徒一样两边下赌注，最终会得不偿失。

投机者之所以会出现赌徒心理，是因为价格频繁波动中，亏损和盈利影响了理性思考。当价格频繁波动的时候，投机者容易盲目开仓尽快把损失赚回来。或者在盈利丰厚的时候，忘记了市场中存在的投机风险，盲目自信的时候也会加速操作，导致亏损无情地被放大。

理性思考、按照既定的计划来完成交易过程，是投机者盈利的关键。避免赌徒心理，投机者应该从正确对待每一笔交易入手。从判断价格趋势、开仓方向，已经接下来的设定止盈止损位，并且最终完成开仓和平仓的完整过程，无疑不需要按照计划行事。如果投机者在某一时刻忘记了自己的投资目标，随心所欲地开仓和平仓，自然会出现投机亏损。

面对赌徒心理，投机者应该从正确看待价格涨跌以及盈亏入手。既要藐视盈亏本身，又要限定最大亏损，按照既定操作方案行事，自然能够获得不错的投机利润了。

附录 A　世界主要贵金属交易所

1. 上海黄金交易所

上海黄金交易所坐落在上海黄浦区河南中路 99 号。黄金交易所的运行为我国黄金从计划走向市场提供了规范运作的平台。这是中国人民银行继黄金收售实行周报价制，取消黄金制品零售许可证管理制度后在黄金管理体制改革方面又向前迈进的一步。它的建立与运行将对今后我国的黄金生产、流通、消费产生积极的影响。

上海黄金交易所实行会员制，不以营利为目的，为黄金的集中交易提供场所、设施及相关服务，是实行自律管理的法人。其日常业务由中国人民银行进行监管。其基本职能是：提供黄金交易场所、设施及相关服务；组织监督黄金及贵金属的交易、清算、交割和配送；生成合理价格；发布市场信息等。目前上海黄金交易所首批会员有 108 家，由具备一定资格的黄金生产、冶炼、首饰加工、造币、黄金进出口贸易企业及部分商业银行组成。

上海黄金交易所的交易方式采用会员自主报价，以"价格优先，时间优先"的原则集中撮合成交的方式为主，辅以询价等其他交易方式。会员可选择现场方式或远端方式进行黄金交易。交易所建立初期，主要开展现货交易，随着市场功能作用的发挥以及市场运行机制的完善，经国务院有关主管部门批准，将开展黄金期货交易业务。

为了保证黄金管理体制的平稳过渡，在上海黄金交易所运行初期，中国人民银行对黄金管理短期内实行双轨制，即继续保留部分黄金收售业务，配售黄金主要面向军工、科研等特殊需要。

2. 伦敦黄金交易所

伦敦黄金市场历史悠久，其发展历史可追溯到 300 多年前。1804 年，伦敦取代荷兰阿姆斯特丹成为世界黄金交易的中心，1919 年伦敦金市正式成立，每天进行上午和下午的两次黄金定价。由五大金行定出当日的黄金市场价格，该价格一直影响纽约和香港的交易。市场黄金的供应者主要是南非。1982 年以前，伦敦黄金市场主要经营黄金现货交易。1982 年 4 月，伦敦期货黄金市场开业。目前，伦敦仍是世界上最大的黄金市场。

伦敦黄金市场的特点之一是交易制度比较特别。因为伦敦没有实际的交易场所，其交易是通过无形方式——各大金商的销售联络网完成。交易会员由具有权威性的五大金商及一些公认有资格向五大金商购买黄金的公司或商店所组成，然后再由各个加工制造商、中小商店和公司等连锁组成。交易时由金商根据各自的买盘和卖盘，报出买价和卖价。

伦敦黄金市场交易的另一特点是灵活性很强。黄金的纯度、重量等都可以选择，若客户要求在较远的地区交售，金商也会报出运费及保费等，也可按客户要求报出期货价格。最通行的买卖伦敦黄金的方式是客户可无须现金交收，即可买入黄金现货，到期只需按约定利率支付利息即可，但此时客户不能获取实物黄金。这种黄金买卖方式，只是在会计账上进行数字游戏，直到客户进行了相反的操作平仓为止。

伦敦黄金市场特殊的交易体系也有若干不足。其一，由于各个金商报的价格都是实价，有时市场黄金价格比较混乱，连金商也不知道哪个价位的金价是合理的，只好停止报价，伦敦金的买卖便会停止；其二，伦敦市场的客户绝对保密，因此缺乏有效的黄金交易头寸的统计。

3. 纽约黄金交易所

纽约和芝加哥黄金市场是 20 世纪 70 年代中期发展起来的。主要原因是1977 年后美元贬值，美国人（主要是以法人团体为主）为了套期保值和投资增值获利，使黄金期货迅速发展起来。目前，纽约商品交易所（COMEX）和芝加哥商品交易所（IMM）是世界最大的黄金期货交易中心。两大交易所对黄金现货市场的金价影响很大。

以纽约商品交易所（COMEX）为例，该交易所本身不参加期货的买卖，仅提供一个场所和设施，并制定一些法规，保证交易双方在公平和合理的前提下交易。该所对进行现货和期货交易的黄金的重量、成色、形状、价格波动的上下限、交易日期、交易时间等都有极为详尽和复杂的描述。

4. 苏黎世黄金交易所

苏黎世黄金市场，是第二次世界大战后发展起来的国际黄金市场。由于瑞士特殊的银行体系和辅助性的黄金交易服务体系，为黄金买卖提供了一个既自由又保密的环境，加上瑞士与南非也有优惠协议，获得了 80% 的南非金，以及苏联的黄金也聚集于此，使瑞士不仅是世界上新增黄金的最大中转站，也是世界上最大的私人黄金的存储中心。苏黎世黄金市场在国际黄金市场上的地位仅次于伦敦。

苏黎世黄金市场没有正式组织结构，由瑞士银行、瑞士信贷银行和瑞士联合银行三大银行负责清算结账。三大银行不仅可为客户代行交易，而且黄金交易也是这三家银行本身的主要业务。苏黎世黄金总库（Zurich Gold Pool）建立在瑞士三大银行非正式协商的基础上，不受政府管辖，作为交易商的联合体与清算系统混合体在市场上起中介作用。苏黎世黄金市场无金价定盘制度，在每个交易日任一特定时间，根据供需状况议定当日交易金价，这一价格为苏黎世黄金官价。全日金价在此基础上的波动无涨停板限制。

5. 中国香港黄金交易所

中国香港黄金市场已有 90 多年的历史。其形成是以中国香港金银贸易场的成立为标志。1974 年，中国香港政府撤销了对黄金进出口的管制，此后中国香港金市发展极快。由于中国香港黄金市场在时差上刚好填补了纽约、芝加哥市场收市和伦敦开市前的空档，可以连贯亚、欧、美，形成完整的世界黄金市场。其优越的地理条件引起了欧洲金商的注意，伦敦五大金商、瑞士三大银行等纷纷来港设立分公司。它们将在伦敦交收的黄金买卖活动带到中国香港，逐渐形成了一个无形的当地"伦敦金市场"，促使中国香港成为世界主要的黄金市场之一。

中国香港黄金市场由三个市场组成：

（1）中国香港金银贸易市场，以华人资金商占优势，有固定买卖场所，主要交易的黄金规格为 5 个司马两为一条的 99 标准金条，交易方式是公开喊价，现贷交易。

（2）伦敦金市场，以国外资金商为主体，没有固定交易场所。

（3）黄金期货市场，是一个正规的市场，其性质与美国的纽约和芝加哥的商品期货交易所的黄金期货性质是一样的。交投方式正规，制度也比较健全，可弥补金银贸易场的不足。

附录 B 中国黄金大事记

1950 年 4 月，中国人民银行制定下发《金银管理办法（草案）》，冻结民间金银买卖，明确规定国内的金银买卖统一由中国人民银行经营管理。

1982 年，中国人民银行开始发行熊猫金币。

1982 年 9 月，在国内恢复出售黄金饰品，迈出中国开放金银市场的第一步。

1983 年 6 月 15 日，国务院发布《中华人民共和国金银管理条例》，规定"国家对金银实行统一管理、统购统配的政策"；"中华人民共和国境内的机关、部队、团体、学校，国营企业、事业单位，城乡集体经济组织的一切金银的收入和支出，都纳入国家金银收支计划"；"境内机构所持的金银，除经人民银行许可留用的原材料、设备、器皿、纪念品外，必须全部交售给中国人民银行，不得自行处理、占有"；"在中华人民共和国境内，一切单位和个人不得计价使用金银，禁止私自买卖和借贷抵押金银"。

1999 年 11 月 25 日，中国放开白银市场，封闭了半个世纪的白银自由交易开禁，为放开黄金交易市场奠定了基础。12 月 28 日，上海华通有色金属现货中心批发市场成为中国唯一的白银现货交易市场。白银的放开视为黄金市场开放的"预演"。

2000 年 8 月，上海老凤祥型材礼品公司获得中国人民银行上海分行批准，开始经营旧金饰品收兑业务，成为国内首家试点黄金自由兑换业务的商业企业。

2000 年 10 月，国务院发展研究中心课题组发表有关黄金市场开放的研究报告。同年，中国政府将建立黄金交易市场列入国民经济和社会发展"十五"纲要。

2001 年 4 月，中国人民银行行长戴相龙宣布取消黄金"统购统配"的计划管理体制，在上海组建黄金交易所。

2001 年 6 月 11 日，中央银行启动黄金价格周报价制度，根据国际市场价格变动对国内金价进行调整。

2001 年 8 月 1 日，足金饰品、金精矿、金块矿和金银产品价格放开。

2001 年 9 月 29 日，中国国家黄金集团公司成立。

2001 年 11 月 28 日，黄金交易所模拟试运行，黄金走过了一条从管制到开放的漫长历程。

2002 年 10 月 30 日，上海黄金交易所开业，中国黄金市场走向全面开放。

2003 年 11 月 18 日，中国银行上海分行推出"黄金宝"业务，个人炒金大门被撞开。

2004 年 6 月，高赛尔金条推出，国内首次出现按国际市场价格出售与回购的投资型金条；7 月，中金黄金与其他公司合作分别成立郑州黄金交易中心、大连黄金交易中心。

2004 年 8 月 16 日，上海黄金交易所推出 AUT+D 现货延迟交收业务。

2004 年 9 月 6 日，中国人民银行行长周小川在伦敦金银市场协会（LBMA）上海年会上表示，中国黄金市场应该实现从商品交易为主向金融交易为主转变，由现货交易为主向期货交易为主转变，由国内市场向融入国际市场转变。

2004 年 11 月 2 日，由河南省鑫力黄金销售服务有限公司与中国银行河南省分行城东支行共同组建的鑫力黄金交易中心正式成立。

2005 年 1 月 8 日，山东黄金集团宣布出资 5000 万元成立山东黄金交易中心。

2005 年 1 月 16 日，中国农业银行与山东招金集团联手推出"招金"个人黄金业务；随后中国银行开立计账式纸黄金业务；中国建设银行于 2 月 28 日推出个人账户金交易业务。

2005 年 7 月 18 日，上海黄金交易所与工行上海分行联合推出"金行家"业务，这是上海黄金交易所首次推出的面向个人的黄金投资产品。

2005 年 8 月，山东招金黄金集团投资设立的山东招金黄金交易中心正式开业。

2008 年 12 月 30 日，天津贵金属交易所在天津滨海新区空港经济区注册，注册资本金为 1 亿元人民币，公司营业范围为"贵金属（含黄金、白银）、有色金属现货批发、零售、延期交收，并为其提供电子平台；前述相关咨询服务及许可的其他业务"。交易所于 2010 年 2 月开始试运行，2012 年 2 月正式运行。交易所上市交易的品种有铂、钯、白银、黄金四种贵金属。2010 年度总成交金额为 1432 亿元，创税 1500 余万元；2011 年总成交额为 16309 亿元，创税约 1.6 亿元；截至 2012 年 1 月，交易所共有签约会员 85 家，保有客户逾 13 万户。

附录 C 中国白银大事记

1950 年 4 月，中国人民银行制定下发《金银管理办法（草案）》，冻结民间金银买卖，明确规定国内的金银买卖统一由中国人民银行经营管理。

1983 年 6 月 15 日，国务院发布《中华人民共和国金银管理条例》，规定"国家对金银实行统一管理、统购统配的政策"；"中华人民共和国境内的机关、部队、团体、学校，国营企业、事业单位，城乡集体经济组织的一切金银的收入和支出，都纳入国家金银收支计划"；"境内机构所持的金银，除经中国人民银行许可留用的原材料、设备、器皿、纪念品外，必须全部交售给中国人民银行，不得自行处理、占有"；"在中华人民共和国境内，一切单位和个人不得计价使用金银，禁止私相买卖和借贷抵押金银"。

1999 年 11 月 25 日，中国放开白银市场，封闭了半个世纪的白银自由交易开禁，为放开黄金交易市场奠定了基础。

2003 年 7 月，上海华通铂银交易市场正式成立，该市场为中国指定的白银现货交易市场，其构建的中国白银网上电子交易平台正式运行。

2006 年 10 月 30 日，上海黄金交易所正式挂牌交易两个白银品种：现货 Ag99.9 和 Ag（T+D）延期交收交易品种。

参 考 文 献

［1］纪永英. 白银投资必胜术 ［M］. 太原：山西人民出版社，2011.

［2］弗兰克. 白银资本——重视经济全球化中的东方 ［M］. 刘北成译. 北京：中央编译出版社，2008.

［3］何胜德. 白银崛起 ［M］. 深圳：海天出版社，2012.

［4］王小波. 王小波集：白银时代 ［M］. 北京：北京十月文艺出版社，2011.

［5］周柳. 新手学黄金与白银投资交易 ［M］. 北京：清华大学出版社，2012.

［6］魏强斌，欧阳傲杰，王浩，BULL. 黄金短线交易的 14 堂精品课 ［M］. 北京：经济管理出版社，2010.

［7］邢孝寒. 现货黄金投资技巧 ［M］. 北京：中国宇航出版社，2012.

［8］季峥. 黄金操盘高手实战交易技巧 ［M］. 北京：经济管理出版社，2011.

［9］杨连春. 黄金投资入门与技巧 ［M］. 北京：清华大学出版社，2012.

［10］魏强斌，欧阳傲杰. 黄金高胜算交易 ［M］. 北京：经济管理出版社，2011.